TALLER DE LECTURA Y REDACCIÓN I

TALLER DE LECTURA Y REDACCIÓN I

Martha Sánchez Espinosa
Gloria Luz Hernández
Maribel Martínez Hernández
Ernesto Martínez Santillán
Pilar Benavente Luna
Susana Espinosa Peña
Susana Herrera A.

Pearson desea expresar su reconocimiento a cada uno de los siguientes profesores de COBAES, quienes participaron en el diseño de actividades didácticas y selección de contenidos que permitieron orientar el enfoque pedagógico para el desarrollo de **competencias** de esta obra:

Martha Isabel Padilla Meraz
Alma Patricia Salazar Baldenebro
Olabo Leal Moreno
Ignacio López Burgos

Pearson Custom Publishing

México • Argentina • Brasil • Colombia • Costa Rica • Chile • Ecuador
España • Guatemala • Panamá • Perú • Puerto Rico • Uruguay • Venezuela

Datos de catalogación bibliográfica

SÁNCHEZ ESPINOZA, MARTHA y cols.

Taller de lectura y redacción I

Primera edición

PEARSON EDUCACIÓN, México, 2010

ISBN: 968-607-442-386-0

Área: Ciencias sociales

Formato: 21 × 27 cm Páginas: 304

Adaptación de los títulos: *Taller de lectura y redacción I* de Maribel Martínez Hernádez, Martha Sánchez Espinosa y Gloria Luz Hernández Padilla ISBN 978-970-26-0835-6 Copyright © 2006; *Taller de lectura y redacción* II de Martha Sánchez Espinosa y Ernesto Martínez Santillán ISBN 978-970-26-0836-3 Copyright © 2007; *Lenguaje y expresión I* de Susana Espinosa Peña y Susana Herrera A. ISBN 978-970-26-0831-8 Copyright © 2006, y *Ortografía* de Pilar Benavente Luna ISBN 978-970-26-0572-0 Copyright © 2006. Publicado por Pearson Education Inc., bajo el sello de PRENTICE HALL INC.

Editor: Carlos Mario Ramírez Torres
carlosmario.ramirez@pearson.com
Editor de desarrollo: Alejandro Gómez Ruiz
Supervisor de producción: Rodrigo Romero Villalobos

PRIMERA EDICIÓN, 2010

D.R. © 2010 por Pearson Educación de México, S.A. de C.V.
Atlacomulco 500 – 5° Piso
Industrial Atoto, 53519 Naucalpan de Juárez, Estado de México

Cámara Nacional de la Industria Editorial Mexicana. Reg. Núm. 1031

Custom Publishing es una marca registrada de Pearson Educación de México, S.A. de C.V.

ISN 978-607-442-386-0

Impreso en México. *Printed in Mexico.*
1 2 3 4 5 6 7 8 9 0 - 12 11 10 09
Printed by Publidisa

Pearson Custom Publishing
es una división de

www.pearsoneducacion.net

ISBN 978-607-442-386-0

Lic. Jesús Alberto Aguilar Padilla

Lic. Florentino Castro López

Lic. Policarpo Infante Fierro

A los estudiantes de COBAES:

Hablar de educación siempre es hablar del futuro de un país, de un estado o de una región. Un proyecto educativo ha sido siempre un proyecto de vida.

Lo es sobre todo en esta época de grandes transformaciones en el mundo, que han hecho de éste una aldea global, interdependiente y competitiva, donde las posibilidades de crecimiento, desarrollo y bienestar dependen cada vez más de la sociedad, así como del conocimiento y la tecnología.

Por eso, la palabra educación es la palabra del orden que todos estamos obligados a escuchar y acatar, para emprender los cambios que urgen a la sociedad, de cara al mundo moderno.

Esta consideración cobra especial significado cuando nos referimos a la educación media superior.

Esta etapa académica, como ustedes saben, es crucial en la vida de los individuos. Durante el bachillerato, los jóvenes definen tanto sus vocaciones profesionales como gran parte de su personalidad.

Por eso, si queremos formar personas íntegras y útiles a sus familias y a la sociedad, debemos darle especial atención a este nivel educativo.

Hoy damos inicio al Ciclo Escolar 2009–2010 y con esta misma fecha, iniciamos el Año de la consolidación de la Reforma Integral de COBAES a través de su incorporación al Sistema Nacional de Bachillerato.

Es decir, a partir de este día, empezamos el proceso de transformaciones innovadoras en COBAES con un nuevo enfoque nacional, lo cual implica una revisión pormenorizada de sus haberes educativos y procesos administrativos orientados a la reforma integral propuesta por la SEP.

De esta manera compartimos el interés de docentes, estudiantes, personal directivo, padres de familia, y de la propia dirigencia sindical para colocar a COBAES en planos superiores de calidad y pertinencia, en un marco de deliberación académica respetuoso, creativo e incluyente.

Esto es un imperativo porque no obstante los logros sustantivos que esta institución ha alcanzado durante sus 28 años de existencia, se mantienen debilidades que urge superar para fortalecer la calidad de la educación.

Con todo, elevar la calidad de COBAES representa un reto fundamental que nosotros asumimos con mucha responsabilidad.

Con este propósito ponemos en tus manos este libro de texto de bachillerato que unifican contenidos académicos; mismos que se establecen en planes y programas de estudios diseñados para la formación integral con el propósito de dotar a nuestros bachilleres de una cultural general sólida que los habilite para su ingreso a la educación profesional, insertos en una visión nacional.

Jóvenes bachilleres:

Los esfuerzos que habremos de multiplicar para superar nuestro sistema educativo, se verán truncados si no los acompañamos de una intensa actividad compartida para arraigar los valores que les son consustanciales a la juventud y a las comunidades educativas en general.

A este respecto seguiremos siendo muy enérgicos para cuidar y salvaguardar su integridad física, intelectual y moral.

Con acciones preventivas y educativas, los COBAES serán recintos seguros, refractarios a las influencias negativas que pretendan socavar la formación sana e integral de los estudiantes.

La reforma servirá fundamentalmente para superar la calidad de la educación que se imparte en el COBAES; pero también abrirá los caminos para mejorar las condiciones profesionales y laborales de nuestros docentes y personal administrativo.

Sean ustedes bienvenidos al Colegio de Bachilleres, la fuerza joven de Sinaloa.

Lic. Jesús Alberto Aguilar Padilla
Gobernador constitucional del Estado de Sinaloa

Lic. Florentino Castro López
Secretario de Educación del Estado de Sinaloa

Lic. Policarpo Infante Fierro
Director General de COBAES

Contenido

Bloque I

PRACTICA EL PROCESO COMUNICATIVO

- Comprende el proceso comunicativo y la intención comunicativa.
- Conoce los elementos del proceso comunicativo: enunciador, mensaje, enunciatario y contexto.
- Reconoce las diferentes funciones del lenguaje: emotiva, conativa, referencial, metalingüística, fática y poética.
- Identifica la intención comunicativa de cada una de las funciones.

Bloque I

Practica el proceso comunicativo

Unidad de competencia

Utiliza las diferentes funciones de la lengua y los elementos de la comunicación, al ponerlos en práctica en diversas situaciones que permita expresarte y comunicarte (de manera oral y por escrito) de forma clara y asertiva en los ámbitos personal, familiar, escolar, social y cultural.

Atributos de las competencias genéricas

4.1 Expresa ideas y conceptos mediante representaciones lingüísticas, matemáticas o gráficas.

4.2 Aplica distintas estrategias comunicativas según quienes sean sus interlocutores, el contexto en el que se encuentra y los objetivos que persigue.

5.1 Sigue instrucciones y procedimientos de manera reflexiva, comprendiendo cada uno de sus pasos, contribuye al alcance de un objetivo.

6.2 Evalúa argumentos y opiniones e identifica prejuicios y falacias.

6.4 Estructura ideas y argumentos de manera clara, coherente y sintética.

7.3 Articula saberes de diversos campos y establece relaciones entre ellos y su vida cotidiana.

8.2 Aporta puntos de vista con apertura y considera los de otras personas de manera reflexiva.

Actividad de inicio

Redacta una carta para quien tú quieras. Tema libre. Posteriormente, guárdala en tu portafolio de evidencias, para evaluarla al final del bloque.

Una reflexión para ti

En este taller aprenderás y seguramente también te divertirás de dos maneras: por una parte, con la *lectura* de textos diversos (informativos, didácticos, científicos, literarios...) y, por otra, con la *redacción*, la cual te permitirá comprender y elaborar correctamente los mensajes mediante el uso adecuado de la escritura; es decir, expresarás con el lenguaje escrito todo lo que desees comunicar. De esta manera, construirás productos comunicativos en los que desarrollarás habilidades y expresarás ideas, sentimientos, sucesos o acontecimientos reales o ficticios de tu vida cotidiana.

Algo de historia...

¿Sabías que los escritos más antiguos que hacen uso de nuestro idioma, hasta ahora conocidos, datan del siglo X de nuestra era, y que fueron hallados en la provincia de Castilla, España, y que por ello también se le llama "castellano" al español?

1.1 Comprende el proceso comunicativo y la intención comunicativa

El proceso comunicativo

- Observa la siguiente imagen.

Figura 1.1

- Con base en lo que observaste, llena el *diagrama QQQ** y después comenta con tus compañeros y tu profesor lo que escribiste.

Q (Qué veo)	Q (Qué no veo)	Q (Qué infiero)
Veo dos adolescentes varones. (Varonera? Tomboy) Una pared de ladrillo o ceramica.	No veo chicas No veo profesores No veo con quien le habla	Estan haciendo una broma. Estan en un corredor Estan en recreo con los amigos

* En el anexo que se incluye al final del libro encontrarás una explicación más amplia de qué es y cómo funciona cada una de las *estrategias didácticas* que aplicarás en este curso, las cuales aparecerán en letras cursivas grises a lo largo del texto.

- Sin duda, alguna de sus respuestas tendrá relación con lo que vamos a tratar en este tema. Sigue las indicaciones.
- Lee las siguientes expresiones.

Ipai aishiteru.

Atama ga itai.

Le France et la vite.

Hag har ont i huvudet.

Der kopt tut mir weh.

U menja bolit golova.

J'ai mal à la téte.

- Ahora agrúpate en *binas* y contesta las siguientes preguntas; registra las respuestas en tu cuaderno.
  1. ¿Qué ocurrió? ¿Cuál fue tu impresión?
  2. ¿Cumplen esas expresiones algún objetivo? ¿Por qué?
  3. ¿En algún lugar pueden tener significado? ¿Dónde? ¿Por qué?
  4. Menciona otros casos similares.
- Para fundamentar tus respuestas, te invitamos a leer la siguiente información; subraya las ideas principales y, por medio de la técnica de punteo, enlista dichas ideas.

Comunicación

Hablar de la comunicación es referirse a un fenómeno común en todos los seres vivos, cuando menos. Todos ellos, a lo largo de su evolución, acumulan grandes cantidades de información que transmiten de una generación a otra y cada generación a su vez, aporta a la siguiente la nueva información recopilada por ella durante su existencia. Esto explica dos cosas: el mantenimiento de las características propias de cada especie y los cambios que éstas van observando desde su aparición en el mundo y que posibilitan su adaptación a las nuevas condiciones ambientales.

Esta adaptación paulatina y constante, fue dando mejores condiciones de subsistencia a los seres vivos y entre éstos, al ser humano, que llegó a tener una doble manera de comunicarse: a nivel no consciente, como ser vivo capaz de transmitir su herencia genética, y a nivel consciente, precisamente como hombre, porque puede traducir a signos sensibles sus pensamientos, transmitirlos y recibir respuestas...

Alejandra Martínez Ávila. *Comunicación*,
México, McGraw-Hill (Colección Identidad Universitaria),
1995, p. 1.

Es posible afirmar, entonces, que la comunicación es el proceso que se lleva a cabo entre una persona que transmite un mensaje y otra que lo recibe, lo cual puede darse en forma oral o escrita, y constituye el *circuito del habla*.

Toma como base las ideas principales del texto (listado de técnica de punteo) y lo explicado por tu profesor(a), luego construye un breve concepto de comunicación en un *mapa conceptual*.

Actividades de comunicación

Lee los siguientes textos y posteriormente comenta en equipo tus reflexiones en relación con la lectura:

Primer texto

Me levanto una mañana,
salgo de mi casa,

hay un pozo en la vereda,
no lo veo,
y me caigo en él.

Día siguiente...
salgo de mi casa,
me olvido que hay un pozo en la vereda,
y me caigo en él.

Tercer día,
salgo de mi casa tratando de acordarme
que hay un pozo en la vereda,
sin embargo
no lo recuerdo,
y caigo en él.

Cuarto día,
salgo de mi casa,
recuerdo que tengo que tener presente
el pozo en la vereda
y camino mirando el piso,
y lo veo
y a pesar de verlo,
caigo en él...

Jorge Bucay. *Cuentos para pensar*.
Océano, México, 2007, pp. 53-55.

Reflexiones

- ¿Cuántas veces crees que el hombre cayó en el pozo?
- ¿Crees que pensó en otra alternativa para no caer en el pozo?
- ¿Cómo crees que lo haya conseguido?
- ¿Tú has estado en una situación semejante?
- ¿Has podido evitar caer varias veces en "el pozo"?

Anota qué sentimientos te provocó esta lectura.

Segundo texto

¡Y si es cierto que has dejado de quererme
yo te pido, por favor, no me lo digas!...

Necesito por hoy
y todavía navegar inocente en tus mentiras...

Dormiré sonriendo y muy tranquilo.
Me despertaré bien temprano en la mañana.
Y volveré a hacerme a la mar, te lo prometo...

Pero esta vez...
sin atisbo de protesta o resistencia,
naufragaré por voluntad y sin reservas
en la profunda inmensidad de tu abandono...

Jorge Bucay. *Cuentos para pensar*.
Océano, México, 2007, p. 43.

Nuevamente realiza algunas reflexiones en relación con este texto y posteriormente reúnete en equipo para intercambiar tus impresiones.

Reflexiones

- ¿Has sentido este tipo de amor?
- ¿Te gustaría vivir engañado?
- ¿Qué harías tú si te dieras cuenta que ya no te quieren?
- Explica brevemente la última estrofa.

Gráficamente, el proceso de la comunicación puede representarse así:

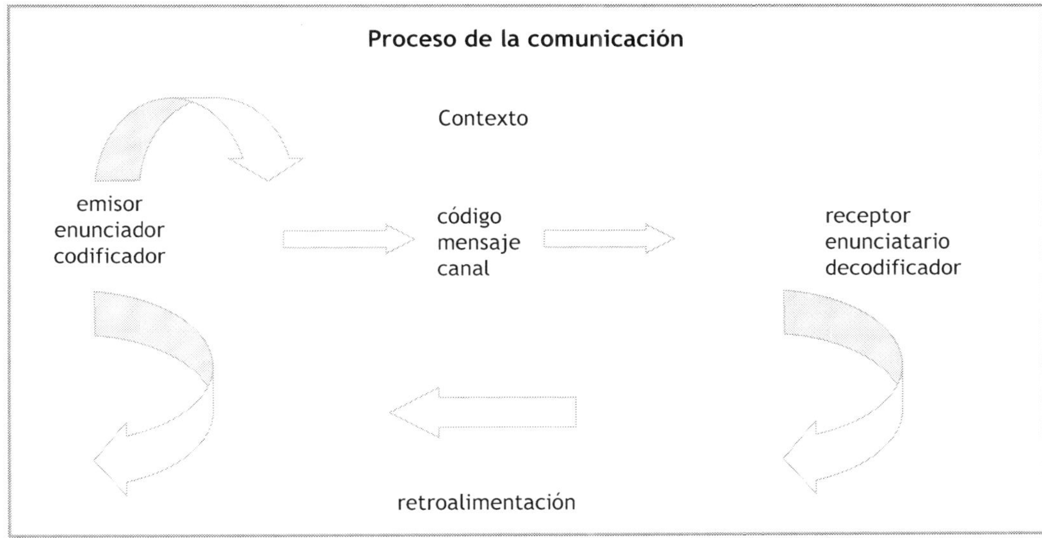

Figura 1.2

1.2 Conoce los elementos del proceso comunicativo

Ya observaste que para que el *proceso de la comunicación* se establezca, se requieren varios elementos; te presentamos los principales.

Elementos que intervienen:

- **Enunciador.** Es la persona que manifiesta, expresa o emite un mensaje. Para lograrlo, debe elegir las palabras que va a utilizar, de tal forma que lo que diga cumpla con su propósito, es decir, logre *codificar*.
- **Enunciatario.** Es la persona que recibe el mensaje, identifica las palabras y las descifra, es decir, *decodifica*; pone en juego su cultura, su clase social y sus habilidades decodificadoras.
- El receptor u oyente, después de descifrar o decodificar el mensaje, se transforma en emisor o comunicador de la respuesta, con lo que se inicia la retroalimentación en el proceso comunicativo.
- El **enunciador** se convierte en receptor (oyente) y el enunciatario en emisor (hablante).
- **Mensaje.** El mensaje es el conjunto de ideas, sentimientos, emociones o contenidos que el enunciador o emisor desea transmitir por medio de un conjunto de signos, símbolos o señas a un receptor o enunciatario.
- **Código.** El código es el sistema de signos y símbolos estructurados y determinados con significado tanto para el enunciador como para el enunciatario, es decir, para que el proceso de comunicación se cumpla es necesario que el emisor y el receptor utilicen un mismo código o un mismo idioma.
- **Contexto.** Lo integran los factores psicológicos y sociales que dan sentido al mensaje.
- **Canal.** El canal es el medio o vehículo por el cual se difunden, transmiten o reciben los mensajes del enunciador o del enunciatario.

  Se clasifican en dos tipos:

  a) Naturales: Son aquellos que el ser humano trae consigo de nacimiento: los cinco sentidos (gusto, olfato, vista, audición y tacto).

  b) Artificiales: Son los medios o mecanismos que el hombre ha creado para transmitir mensajes, tales como el teléfono, la radio, el cine, la televisión, el telégrafo y la Internet, entre otros.

  Otros términos con los que debes familiarizarte son:

  - Lenguaje
  - Lengua o idioma
  - Habla
  - Norma

En un diccionario enciclopédico busca el significado de dichos términos, que tendrás que comentar durante la clase siguiente.

- Representa tu propio proceso de comunicación y sus elementos; para ello, utiliza los recursos que tu imaginación te permita.
- Reúnete con un compañero cercano a ti y coevalúen sus estrategias.
- Redacta un texto en el que utilices los elementos para comprobar que ya sabes manejar los elementos de la comunicación. Señálalos con un marcador.

____

____

____

1. ¿Habías analizado la forma en que nos comunicamos? Justifica tu respuesta.
2. Explica un caso en donde nos demos cuenta de la codificación.
3. Escribe un ejemplo en el que compruebes que decodificas.
4. Coméntalo con el grupo, con la guía de tu profesor.
5. Representa gráficamente los procesos de codificación y decodificación.

Intención comunicativa y funciones del lenguaje

- Como sin duda eres ya un gran conocedor del tema de la comunicación, te invitamos a resolver el siguiente crucigrama para demostrarlo.

Horizontales

1. Toda forma de comunicación.
2. Unidad de comunicación.
3. Es el código en el cual está el mensaje.
4. Forma en que cada persona utiliza la lengua.
5. Es el que emite o envía el mensaje (invertido).
6. Ambiente o realidad en la que se da el mensaje.

Verticales

1. Es quien recibe o aquel a quien se dirige el mensaje.
2. Es aquel que se esfuerza por su superación, estudia (invertido).

Valor de cada acierto: 0.2

Aciertos ....

Calificación ....

- Comenta con el grupo acerca del dominio de la información requerida.
- ¿Estás satisfecho?
- Si no es así, regresa a la información y haz un ejercicio memorístico. Puedes también pedir ayuda a tu profesor o a algún compañero.

1.3 Reconoce las diferentes funciones del lenguaje

- Integrados en *binas*, lean las expresiones que les presentamos; posteriormente escriban la función de la lengua que se utiliza en cada caso.

Función

- ¿Cómo estás? ____________________
- ¡Cómo estás! ____________________
- Cómo, ¿estás? ____________________

- Probablemente tuviste dudas y no registraste ninguna respuesta, o tal vez te arriesgaste, pero no estás seguro de si los hiciste en forma correcta, por lo que te invitamos a continuar con la siguiente lectura, que sin duda contribuirá en tus conocimientos.

Como seguramente recuerdas por la investigación que realizaste, la *lengua es un sistema articulado de signos que se utilizan para producir mensajes*.

Los signos que componen la lengua son de dos tipos: los que poseen significado (como los enunciados, las palabras y los lexemas) y los que no tienen (como las grafías). Para comunicarte utilizas signos (luces, impulsos eléctricos, señas, gestos, etc.), pero cuando recurres a la palabra usas *signos lingüísticos*.

Los seres humanos utilizamos la lengua cotidianamente, pero no siempre con la misma intención, sino que depende de las situaciones, circunstancias y personas con las que hablamos.

Observa:

- ¿Puedes ayudarme a llevar los libros a la biblioteca?
- Lleva los libros a la biblioteca.
- Los libros están en la biblioteca.
- ¡Qué hermoso libro leí!
- Los libros son las alas que nos transportan a lugares desconocidos.

¿Te das cuenta? En cada caso hay una intención distinta, a pesar de que en todas las expresiones hablamos de los libros.

Vamos a conocer algo sobre esas intenciones, a las que llamaremos:

Funciones de la lengua

Las funciones de la lengua son muchas; hablemos de las más comunes, las cuales sin duda empleas día con día.

a) *Función poética*. La reconocemos por el uso connotativo del lenguaje; expresa nuestros sentimientos o emociones. *Ejemplos:*

a) Me gustas cuando callas, porque estás como ausente…
b) Una noche, una noche toda llena de murmullos…
c) No he oído otro canto más triste que el canto del grillo…
d) ¿Por qué si tiene el agua
fresca sombra en estío y la tiniebla
de la noche se aclara
con los ojos sin fin de las estrellas,
no tiene amor mi alma?

Los *recursos literarios* son los instrumentos o herramientas que utiliza el escritor para embellecer sus expresiones.

b) *Función apelativa o conativa*. Principalmente expresa orden; el enunciador pretende persuadir al enunciatario para que realice alguna acción, para cambiar su forma de pensar o para provocar una reacción. *Ejemplos*:

a) ¡No lo pienses, suscríbete ya!
b) Déjeme en paz, por favor. Tengo mucho trabajo.
c) Olvida lo que te conté ayer.
d) Haz tu sueño realidad.

c) *Función referencial*. Consiste en comentar algo sobre las cuestiones que llamamos referentes, es decir, hace referencia a los objetos y sus relaciones. *Ejemplos:*

a) Los peces viven en el agua.
b) La mariposa monarca es muy frágil.
c) Los jugadores entrenarán mañana.
d) La ciudad está muy contaminada.

d) *Función metalingüística*. Tal función se observa cuando explicamos, por ejemplo, lo que es un enunciado, la comunicación, las funciones de la lengua, las preposiciones, etcétera, es decir, que utilizamos la lengua para explicar a la misma lengua, en cuyo caso se transforma en *objeto* e *instrumento*. *Ejemplos:*

a) La comunicación es un proceso.
b) Las oraciones compuestas pueden ser de tres tipos: yuxtapuestas, coordinadas o subordinadas.
c) Un enunciado llega a ser unimembre o bimembre.
d) Los nombres propios se deben escribir con mayúscula.
e) Las mayúsculas no están exentas de las reglas de acentuación, es decir, si lo requieren llevarán la tilde donde les corresponda.

e) *Función fática*. Se da en aquellas expresiones que utilizamos al iniciar la comunicación o al interrumpirla.

Son expresiones que empleamos al hablar, las cuales se han convertido en clichés que emitimos sin pensar.

Un ejemplo: cuando nos presentan a alguna persona, lo que contestamos invariablemente es *mucho gusto*, aunque lo que en realidad sentimos sea lo contrario o nos es indiferente ese alguien.

Lo anterior se aprecia muy claro en una conversación telefónica. *Ejemplos:*

a) ¡Hola! ¿Cómo estás?
b) Muy bien, gracias.
c) Hasta pronto.
d) Bueno, ¿me escuchas?
e) ¡Qué milagro!

f) *Función emotiva*. A través de ella, el hablante transmite emociones, sentimientos y estados de ánimo, se distingue por el uso de signos de admiración o la entonación.

a) ¡Qué mañana tan hermosa!
b) ¡Mi tristeza es producto de tu ausencia!
c) ¡Me alegra volver a verte!

Observa el siguiente cuadro:

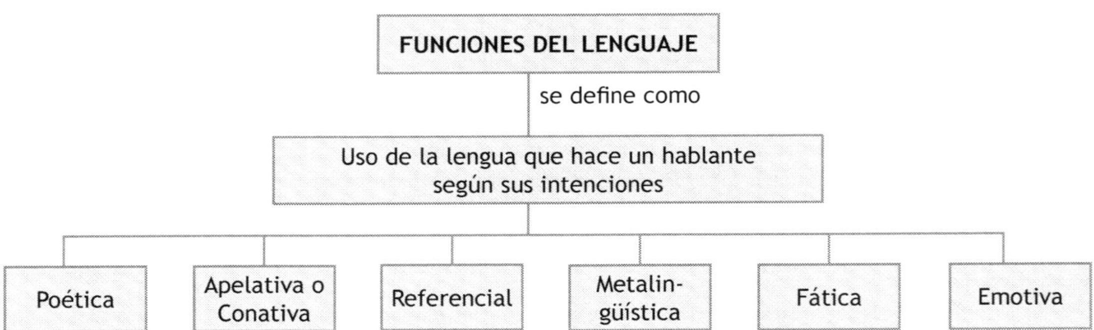

FUNCIÓN	Se refiere a / incide sobre	Se manifiesta en	Intención
Poética	El propio mensaje.	El estilo, figuras literarias.	Dar belleza a la expresión.
Conativa	El oyente.	Oraciones imperativas.	Hacer que actúe.
Referencial	Hechos, cosas e ideas.	Oraciones declarativas.	Informar.
Metalingüística	La lengua.	Definiciones, aclaraciones.	Conocer.
Fática	El canal de comunicación.	Frases hechas	Abrir, cerrar e interrumpir el diálogo.
Emotiva	El propio hablante.	Oraciones admirativas.	Expresar sentimientos.

Comprueba el nivel de tus habilidades

Sobre la línea escribe el número que corresponda a cada texto, de acuerdo al uso de la lengua que esté presente.

_______ Antonio Machado nació en Sevilla en el último tercio del siglo XIX.

_______ ¿Me escuchas? ¿Escuchaste lo que te acabo de decir?

_______ El verbo haber se escribe con h:

_______ Analiza todo el poema.

_______ Este día ha llovido demasiado.

_______ Abre la puerta por favor.

_______ La Cd. de Toluca, es la capital del Estado de México.

_______ Tu cuerpo es un pecho de paloma en invierno.

_______ Que te vaya bien.

_______ Eres tú la lluvia que humedece los desiertos.

1. Función poética.
2. Función conativa.
3. Función referencial.
4. Función fática.
5. Función metalingüística.
6. Función emotiva

Completa el siguiente cuadro comparativo con los ejemplos que se te solicitan.

Función poética	Función emotiva
Semejanzas:	
Diferencias:	
Conclusión:	

1.4 Identifica la intención de cada una de las funciones

- Con la información que te proporcionamos, y el apoyo que tu profesor te brindó, creemos que ya puedes utilizar (oralmente o por escrito) e identificar las funciones de la lengua.

- Completa el siguiente *cuadro organizativo*, procurando ser preciso.

Función	Concepto	Ejemplo

- Lee el siguiente texto y extrae de él un ejemplo de cada una de las funciones de la lengua.

> Juanito, dejaste la televisión prendida. Apágala y vete a dormir. ¡Dios Santo, olvidé revisar tu tarea! Las palabras agudas que terminan en consonante que no sea n o s no deben llevar tilde. Hasta mañana. Mi pequeño, luz de mi vida. Los niños de hoy crecen aceleradamente. ¡Qué cansada estoy!

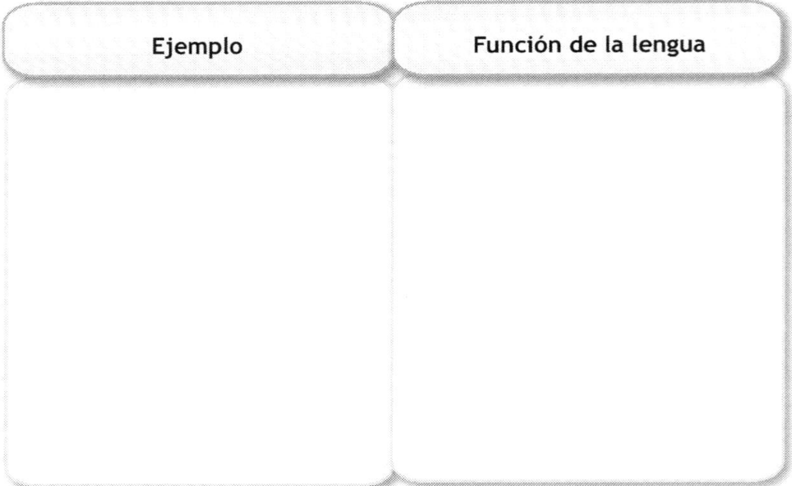

Ejemplo	Función de la lengua

Busca en revistas y periódicos otros ejemplos, recórtalos y pégalos en tu cuaderno, luego revísalos en clase con la guía de tu profesor(a).

1. Indica qué función de la lengua utilizas más y por qué.
2. Según lo que revisaste en los materiales consultados para hacer la tarea anterior, ¿qué función de la lengua es la más utilizada? ¿Por qué?
3. Menciona las diferencias existentes entre cada una de las funciones de la lengua.
4. ¿Cómo concluirías este tema?

Actividad de cierre

Revisa la carta que redactaste al inicio del bloque e identifica los aciertos y desaciertos con base en lo trabajado durante este bloque.

Toma en cuenta lo trabajado en este bloque y vuelve a redactar la carta. Entrégasela a tu profesor para su revisión.

No olvides incluir en tu portafolio de evidencias reflexiones sobre los trabajos realizados.

Para el docente: Mediante este diferencial semántico, marque el rango que considere cumple con los criterios de evaluación.

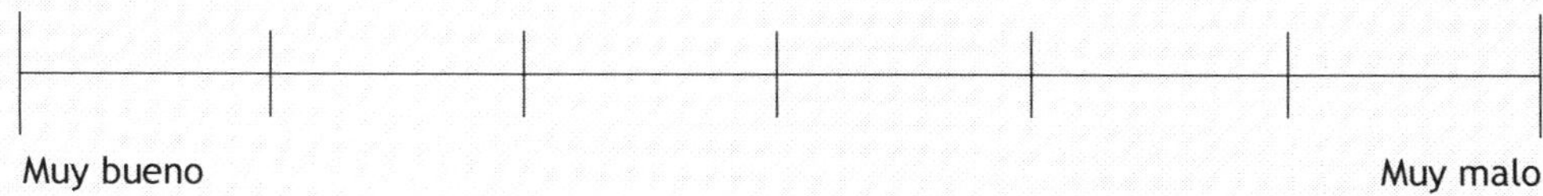

Muy bueno Muy malo

1. ¿Contempla los elementos del proceso comunicativo?

a) Enunciado
b) Mensaje
c) Enunciatario
d. Contexto

Para el docente: Mediante este diferencial semántico, marque el rango que considere cumple con los criterios de evaluación.

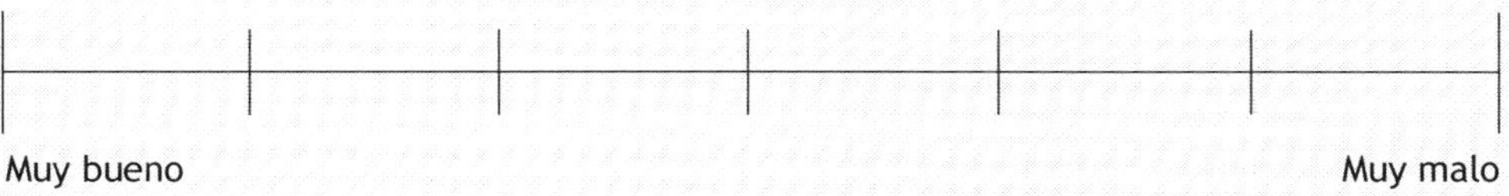

Muy bueno Muy malo

2. ¿Incluye las funciones del lenguaje?

a) Emotiva
b) Conativa
c) Referencial
d) Metalingüística
e) Fática
f) Poética

Para el docente: Mediante este diferencial semántico, marque el rango que considere cumple con los criterios de evaluación.

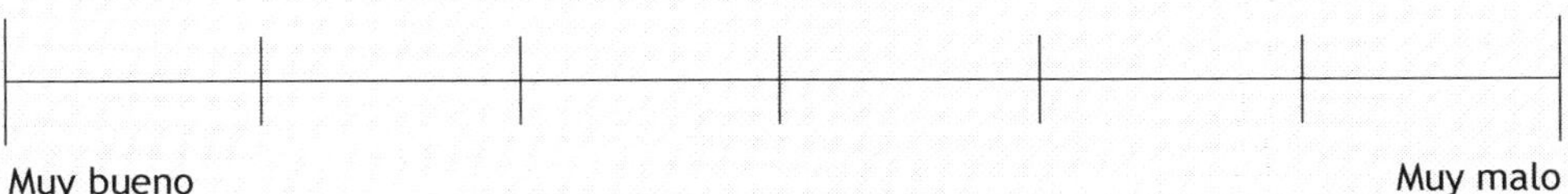

Muy bueno Muy malo

3. ¿Manifiesta la intención comunicativa?

Metacognición

¿Cuáles fueron las fortalezas y las áreas de oportunidad al redactar tu primera carta?

¿Qué razones tuviste para elegir al destinatario?

¿Con qué fin redactaste el mensaje de tu carta?

Al identificar los elementos del proceso comunicativo y las funciones del lenguaje, ¿redactaste la carta de mejor manera? Justifica tu respuesta.

Nota: Se recomienda ver el video *En su jardín*, de Augusto Monterroso, CONACULTA y la película *La sociedad de los poetas muertos*, en la que actúa Robin Williams, para las funciones poéticas y emotivas.

Bloque II

PRACTICA EL PROCESO DE LECTURA Y ESCRITURA

- Conoce las etapas del proceso de lectura: prelectura, lectura, poslectura y contexto.
- Identifica las etapas del proceso de escritura: planeación, redacción, revisión, reescritura y estilo.

Bloque II

Practica el proceso de lectura y escritura

Unidad de competencia

Aplica los diferentes elementos de la escritura en todas las actividades académicas que realiza en los diferentes contextos en los que se desenvuelve, después de conocer su proceso y utilidad.

Atributos de las competencias genéricas

4.1 Expresa ideas y conceptos mediante representaciones lingüísticas, matemáticas o gráficas.

4.2 Aplica distintas estrategias comunicativas según quienes sean sus interlocutores, el contexto en el que se encuentra y los objetivos que persigue.

4.3 Identifica las ideas clave en un texto o discurso oral e infiere conclusiones a partir de ellas.

5.1 Sigue instrucciones y procedimientos de manera reflexiva, comprendiendo que cada uno de sus pasos contribuye al alcance de un objetivo.

6.2 Evalúa argumentos y opiniones e identifica prejuicios y falacias.

6.4 Estructura ideas y argumentos de manera clara, coherente y sintética.

7.3 Articula saberes de diversos campos y establece relaciones entre ellos y su vida cotidiana.

8.2 Aporta puntos de vista con apertura y considera los de otras personas de manera reflexiva.

10.2 Dialoga y aprende de personas con distintos puntos de vista y tradiciones culturales, mediante la ubicación de sus propias circunstancias en un contexto más amplio.

Actividad de inicio

Lee el siguiente cuento y a partir del primer párrafo construye una historia diferente o un nuevo cuento. Posteriormente, guárdalo en tu portafolio de evidencias para su revisión durante la evaluación.

El perro que deseaba ser un ser humano

En la casa de un rico mercader de la ciudad de México, que vivía rodeado de comodidades y toda clase de máquinas, habitaba un perro al que se le había metido en la cabeza convertirse en un ser humano y que trabajaba con ahínco para conseguirlo.

Al cabo de varios años, y después de persistentes esfuerzos sobre sí mismo, caminaba con facilidad en dos patas y a veces sentía que estaba ya a punto de ser un hombre, excepto por el hecho de que no mordía, movía la cola cuando encontraba a algún conocido, daba tres vueltas antes de acostarse, salivaba cuando oía las campanas de la iglesia y por las noches se subía a una barda a gemir viendo por largo rato a la Luna.

Augusto Monterroso. *La oveja negra y demás fábulas.*
México, Seix Barral, 1983.

2.1 Conoce las etapas del proceso de lectura

Proceso de lectura

- Analiza la siguiente frase y posteriormente realiza las actividades señaladas.

"La lectura es una puerta a mundos que quizá nunca veremos."

Figura 2.1

- Observa atentamente la figura 2.1.
- Intégrate en equipo de cuatro elementos, comenta el significado de la frase y relaciónala con la imagen anterior. Da a conocer tu punto de vista al grupo.

- Cada día, en donde te encuentres, te ves en la necesidad de leer; con mayor razón si estás en la escuela. A continuación te presentamos un texto; pon en práctica tus habilidades lectoras y posteriormente resuelve la actividad que se te plantea.

[...] Muchas especies de organismos han muerto durante la historia de la evolución terrestre que los que viven hoy día. El secreto de la evolución es el tiempo y la muerte.

Entre las adaptaciones que parecen ser útiles está la que llamamos inteligencia. La inteligencia es la ampliación de una tendencia evolucionista que se manifiesta en los organismos más simples: la tendencia hacia el control del ambiente. El adicto y fiel biológico método de control ha sido el material hereditario: información transmitida por ácidos nucleicos de generación en generación, información sobre cómo construir un nido, información sobre el temor a las caídas, a las serpientes o a la oscuridad; información sobre cómo volar hacia el sur durante el invierno. Pero la inteligencia necesita información sobre una cualidad adaptable desarrollada durante la vida completa de un solo ser. Hoy día existe una variedad de organismos en la Tierra que poseen esta cualidad que llamamos inteligencia. Los delfines la tienen y lo mismo ocurre con los grandes antropoides. Pero es mucho más evidente en el organismo llamado hombre.

En el hombre no sólo existe esa información de adaptabilidad adquirida en la vida de un solo individuo, sino que se transmite estratégicamente a través de la cultura, los libros y la educación. Es precisamente esto, más que otra cosa, lo que ha elevado al hombre a su actual estado preeminente en el planeta Tierra.

Somos el producto de cinco mil millones de años de evolución biológica lenta, fortuita, y no hay razón alguna para pensar que se haya detenido tal proceso evolutivo. El hombre es un animal en periodo de transición. No es el clímax de una creación. La Tierra y el Sol existirán muchos más miles de millones de años. [...]

Carl Sagan. La *conexión cósmica*.
Barcelona, Ediciones Orbis, 1985, pp.15-16.

- Emplea un *mapa cognitivo de escalones*, como el siguiente, para escribir los pasos de la estrategia que utilizas para leer y luego compáralos con los de algún compañero.

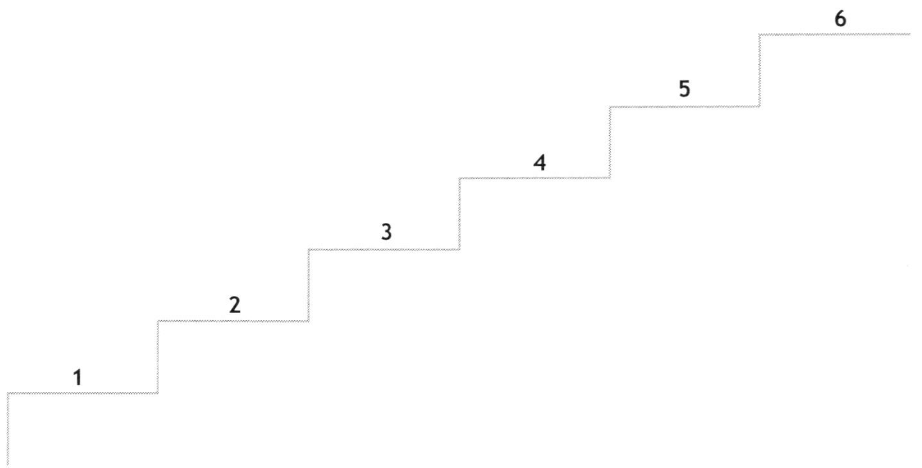

- Como te pudiste percatar, la lectura se ha vuelto un proceso mecanizado, por lo que no nos damos cuenta de los pasos que intervienen en esta actividad; sin embargo, existen diversas estrategias que podemos emplear para lograr una mejor comprensión.
- Analiza la propuesta siguiente.

La lectura es un *proceso*, palabra que significa: *conjunto y sucesión de las fases o pasos de un fenómeno o acontecimiento;* por lo tanto, afirmamos que, al leer, seguimos ciertos pasos no percibidos porque los repetimos a cada instante, es decir, leer se convierte, reiteramos, en un proceso mecanizado como hablar, caminar o comer.

Sin embargo, es necesario que analicemos y precisemos qué hacemos cuando leemos; probablemente al conocer los pasos implícitos en esta actividad, logremos desarrollar y fortalecer nuestras habilidades lectoras.

Son *tres* las *etapas* que se recomienda realizar.

Una de ellas consiste en observar la estructura general del texto y explorarlo para tener una idea de su contenido. Algunos aspectos que pueden servirnos, son: su portada, su contraportada, su título, su autor, su índice, el tipo de letra, sus esquemas, diagramas e ilustraciones. A este paso o etapa le llamamos *prelectura*, y por supuesto que lo has hecho tú, ¿no es verdad?; cuando asistes a una librería o a la biblioteca, cuando recibes tus libros de texto o cuando te recomiendan un libro. Este paso en muchas ocasiones es determinante para continuar y en otras, aunque nos permiten formarnos un juicio, nos hemos visto obligados a leer, ¿cierto?

El siguiente paso es la *lectura*; en este momento se da la decodificación, es decir, pasamos los ojos por los signos lingüísticos y grafías, y evocamos su significado. Aquí interviene, por supuesto, nuestro léxico; cuanto más amplio sea, menos problemas tendremos para decodificar o interpretar los mensajes.

Durante esta etapa es conveniente subrayar, hacer anotaciones (al margen o en tarjetas) y utilizar el diccionario.

Por último, es conveniente comprobar si hemos descubierto los mensajes contenidos en el texto, es decir, si hemos comprendido lo que leímos. En este momento debemos organizar la información, con base en lo que subrayamos, en las notas o los apuntes hechos. Se recomienda emplear estrategias que faciliten la apreciación rápida y clara del contenido, como fichas, esquemas, mapas mentales, diagramas y otras que tu profesor(a) te sugiera. Esta etapa se llama *poslectura*.

Pudiste comprobar que de alguna forma, sí sigues estos pasos, pero no lo habías advertido. Confiamos en que a partir de este momento lleves a cabo el proceso de lectura que te ofrecemos y que descubras los beneficios que llegará a aportarte.

- Te invitamos a leer el texto siguiente.

El concierto
(fragmento)

Dentro de escasos minutos ocupará con elegancia su lugar ante el piano. Va a recibir, con una inclinación casi imperceptible, el ruidoso homenaje del público. Su vestido cubierto de lentejuelas brillará como si la luz reflejara sobre él el acelerado aplauso de las ciento diecisiete personas que llenan esta pequeña y exclusiva sala, en la que mis amigos aprobarán o rechazarán —no lo sabré nunca— sus intentos de reproducir la más bella música, según creo, del mundo.

[...]

Nunca he sido un amante del arte. Si a mi hija no se le hubiera ocurrido ser pianista, yo no tendría ahora este problema. Pero soy su padre y sé mi deber y tengo que oírla y apoyarla.

[...]

La música es bella, cierto. Pero ignoro si mi hija es capaz de recrear esa belleza. Ella misma lo duda. Con frecuencia, después de las audiciones, la he visto llorar, a pesar de los aplausos. Por otra parte, si alguno aplaude sin fervor, mi hija tiene la facultad de descubrirlo desde la concurrencia, y esto basta para que sufra y lo odie con ferocidad de ahí en adelante. Pero es raro que alguien apruebe fríamente. Mis amigos más cercanos han aprendido en carne propia que la frialdad en el aplauso es peligrosa y puede arruinarlos. Si ella no hiciera una señal de que considera suficiente la ovación, seguirían aplaudiendo toda la noche por el temor que siente cada uno de ser el primero en dejar de hacerlo. A veces esperan mi cansancio para cesar de aplaudir y entonces los veo cómo vigilan mis manos, temerosos de adelantárseme en iniciar el silencio. Al principio me engañaron y los creí sinceramente emocionados; el tiempo no ha pasado en balde y he terminado por conocerlos. Un odio continuo y creciente se ha apoderado de mí. Pero yo mismo soy falso y engañoso. Aplaudo sin convicción.

[...]

Son otros los que me irritan. Se sientan siempre en las primeras filas y a cada instante anotan algo en sus libretas. Reciben pases gratis que mi hija escribe con cuidado y les envía personalmente. También los aborrezco. Son los periodistas. Claro que me temen y con frecuencia puedo comprarlos. Sin embargo, la insolencia de dos o tres no tiene límites y en ocasiones se han atrevido a decir que mi hija es una pésima ejecutante.

[...]

La envidia es un pecado detestable. Este vicio de mis enemigos puede ser el escondido factor de las escasas críticas negativas. No sería extraño que alguno de los que en este momento sonríen, y que dentro de unos instantes aplaudirán, propicie esos juicios adversos. Tener un padre poderoso ha sido favorable y aciago al mismo tiempo para ella. Me pregunto cuál sería la opinión de la prensa si ella no fuera mi hija.

[...]

Si no fuera porque es mi hija confesaría que la odio. Que cuando la veo aparecer en el escenario un persistente rencor me hierve en el pecho, contra ella y contra mí mismo, por haberle permitido seguir un camino tan equivocado. Es mi hija, claro, pero por lo mismo no tenía derecho a hacerme eso.

Mañana aparecerá su nombre en los periódicos y los aplausos se multiplicarán en letras de molde. Ella se llenará de orgullo y me leerá en voz alta la opinión laudatoria de los críticos. No obstante, a medida que se vaya llegando a los últimos, tal vez a aquellos en que el elogio es más admirativo y exaltado, podré observar cómo sus ojos irán humedeciéndose, y cómo su voz se apagará hasta convertirse en un débil rumor, y cómo finalmente terminará llorando con un llanto desconsolado e infinito. Y yo me sentiré con todo mi poder, incapaz de hacerla pensar que verdaderamente es una buena pianista, y que Bach y Mozart y Beethoven estarían complacidos de la habilidad con que mantiene vivo su mensaje.

Ya se ha hecho ese repentino silencio que presagia su salida. Pronto sus dedos largos y armoniosos se deslizarán sobre el teclado, la sala se llenará de música y yo estaré sufriendo una vez más.

Augusto Monterroso, en Porfirio García y otros, *Antología del cuento latinoamericano*, México, Ediciones del Corso, 1995, pp. 123-125.

- Realiza una lluvia de ideas y comenta en grupo lo que hiciste en las cuatro etapas de tu lectura.
- Regístralo en un *mapa cognitivo* de secuencias.

- Con base en la información que te proporcionamos y las aportaciones de tu profesor, representa el proceso de lectura en el siguiente *mapa semántico*.

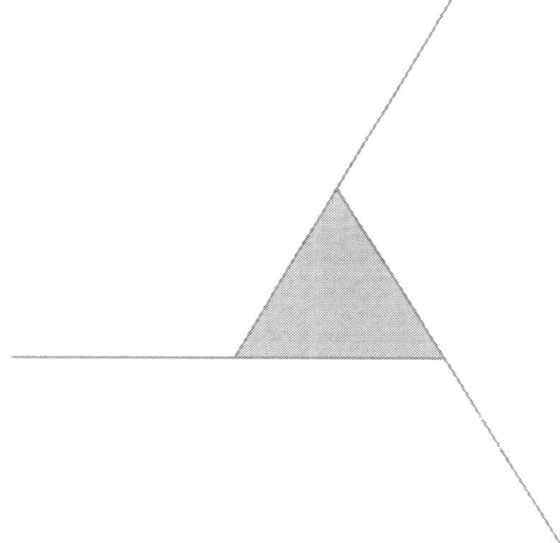

- Lee el siguiente texto y explica posteriormente la actividad realizada, en cada paso, del proceso de lectura.

Una mujer en la tierra
(fragmento)

Tiene color y aroma el recuerdo. Es azul, como los cielos de mayo al mediodía, y huele a cosas de la vida: huele a casa, a besos, a vestidos, a todo lo vulgar y todo lo extraordinario. De pronto, en ciertas zonas del aire —de un aire que nunca se ha movido en el corazón y queda ahí por los siglos— se mete por los sentidos y reconstruye todo: cuando se podía ver el rostro amado, cuando se podían tocar sus manos. Es una llama apagada, apagada como si se hubieran cerrado los ojos, como si alguien hubiera tapiado con cemento y con desesperanza todas las salidas. Es el pasado: lo que ha pasado, lo que nunca podrá ocurrir de nuevo. Por más esfuerzos, por más voluntad, eso ha dejado de ser. Se puede escarbar la tierra con uñas y dientes buscando el peor de los abismos; se pueden abrir surcos en nuestra carne viva buscando la sangre que fue, y es tan incompleto todo, está tan vacío, sólo con uno dentro y nadie más, que el recuerdo mismo pierde toda su seguridad y se duda de toda la existencia.

Estas manos, esta piel, esta voz, ¿serán las mismas que han convivido con el amor, con el amor que embriagó por tanto tiempo su vida? Ella no podía responder nada. Un beso y una palabra eran cosas tibias y puras, tan irreales que hacían olvidar el resto de lo que puede ocurrir en la tierra. [...]

José Revueltas. *Dios en la tierra*.
6a. reimpresión, México, Era, 1990, p. 75.

Prelectura: ________________________________

Lectura: ________________________________

Poslectura: ________________________________

Contexto: ________________________________

Contexto. Conjunto de características, acontecimientos históricos, sociales, religiosos, artísticos, culturales, etcétera, ocurridos en determinado tiempo y lugar.

Desde el punto de vista del proceso de lectura, el contexto puede referirse a cuatro objetos:

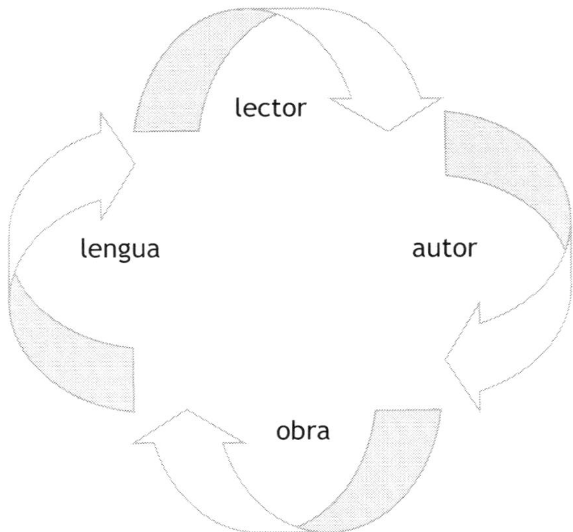

Figura 2.2

- Contexto en el que se produjo la obra.
- Contexto al que se refiere la obra.
- Contexto del lector.
- Contexto lingüístico.

Contexto en el que se produjo la obra

Corresponde al momento en el que el autor da forma a su obra.

Ejemplo:

Obra literaria: *El Ingenioso Hidalgo Don Quijote de La Mancha*.

Autor: Miguel de Cervantes Saavedra.

Contexto: Siglo XVII, España.
Crisis social y económica, incertidumbre y totales contrastes entre los niveles de vida de ricos y pobres.
Inestabilidad en el gobierno (monarquía) y abandono de la política centralista.

Contexto al que se refiere la obra

Es la época a la que hace alusión la obra, el tema.

Ejemplo:

Obra literaria: *El Ingenioso Hidalgo Don Quijote de La Mancha*.

Autor: Miguel de Cervantes Saavedra.

Contexto: Hace alusión a la Edad Media, época en la se viven los más altos valores humanos.
El lugar es España, la Región de la Mancha.

Contexto del lector

Es el momento en que el lector tiene contacto con la obra.

Ejemplo:

Obra literaria: *El Ingenioso Hidalgo Don Quijote de La Mancha*.

Autor: Miguel de Cervantes Saavedra.

Contexto: Siglo XXI, México, país en vías de desarrollo.
Crisis económica ocasionada por la crisis de Estados Unidos; en el aspecto social, marcada desigualdad socioeconómica, epidemia de influenza causada por el virus AH1N1.
Incertidumbre en los jóvenes por la falta de fuentes de trabajo.
Deterioro de los valores humanos.

Contexto lingüístico

Es la relación que tienen las palabras dentro del texto y que determina su función y significado.

Ejemplo:

Obra literaria: *El Ingenioso Hidalgo Don Quijote de La Mancha*.

Autor: Miguel de Cervantes Saavedra.

Contexto: Don Quijote, lenguaje lleno de arcaísmos.
Un arcaísmo imita o conserva estilos,
hábitos, costumbres antiguas o viejas.
Ejemplo: *Catar* actualmente corresponde al verbo Ver.
Yantar actualmente corresponde al verbo Comer.
Sancho Panza utiliza un lenguaje popular y
abundantes refranes.
Ejemplo: "Según las malas lenguas".
"Más valía un toma que dos te daré".
"A Dios rogando y con el mazo dando".
"La mejor salsa, es el hambre".
"El mejor colchón, el sueño".
"Trabajo que no te da para dos habas, al diablo con el trabajo".

1. ¿Por qué es importante aplicar las etapas del proceso de lectura? Fundamenta cada una.
2. ¿Realmente trabajaste los tres pasos del proceso de lectura? ¿Por qué?

2.2 Identifica las etapas del proceso de escritura

- ¿Cuáles son las formas de comunicación? Escribe tus respuestas en el *mapa cognitivo tipo sol*.

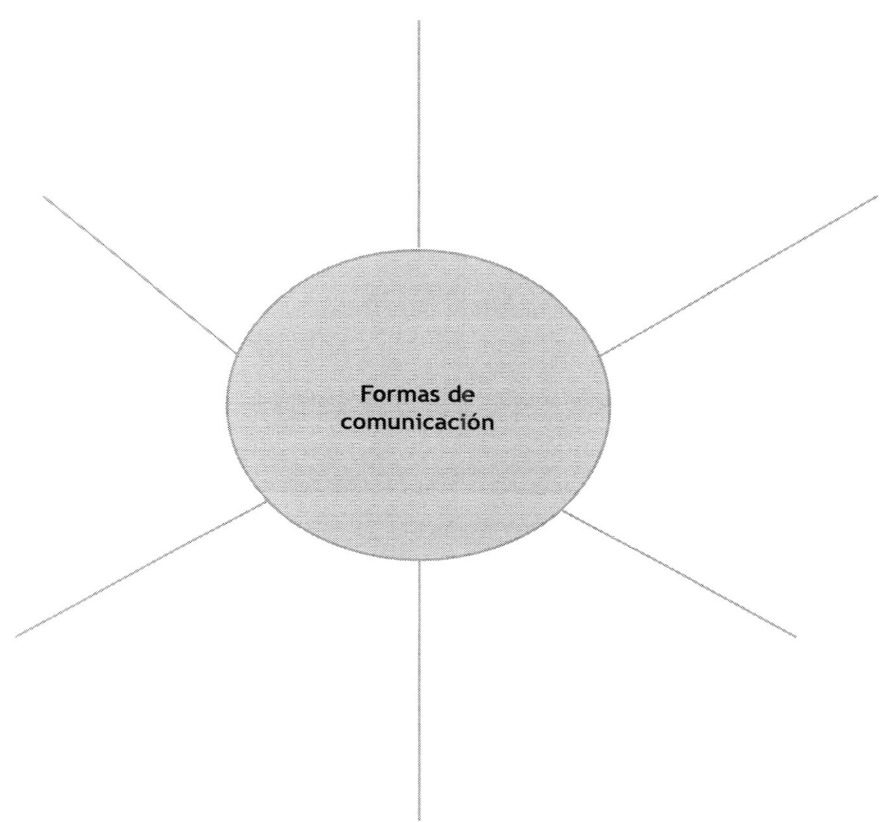

- Con base en la información que anotaste, ¿cuál es la forma más eficaz para comunicarnos? Fundamenta tu respuesta.
- Escucha a tus compañeros.
- ¿Coincidieron? Más adelante retomaremos estas preguntas.

- Reflexiona cada pregunta planteada en la columna **P** y luego anota tu respuesta en la columna **Ra** del siguiente *diagrama Ra-P-Rp*.

Ra (Respuesta anterior)	P (Pregunta)	RP (Respuesta posterior)
	¿Cómo es que conocemos la historia de las civilizaciones antiguas?	
	¿Cuáles fueron las primeras formas de escritura?	
	¿Qué proceso sigues para escribir?	

- Comparte con el resto del grupo tus respuestas y escucha las suyas.
- ¿Qué respuesta te pareció más acertada?
  ¿Por qué?

- Lee el texto; luego, aplica las cuatro etapas del proceso de lectura.
- Tomando en cuenta lo que dice, completa el diagrama anterior en su tercera columna **(Rp)**.

Si revisamos o recordamos la historia de la humanidad, nos daremos cuenta de que, sin importar la época de la que hablemos, el hombre ha buscado siempre la manera de dejar testimonio de su existencia, de comunicar a los que le preceden sus experiencias, sus ideas, sus costumbres, sus conocimientos.

¿Cómo lo ha hecho? Digamos que inicialmente dibujando figuras, representando las actividades que realizaban, a lo cual se le conoce como arte rupestre o escritura pictográfica, es decir, escritura pintada. Posteriormente, utilizando trazos de distintas formas (jeroglíficos, símbolos, cuñas y otros), que fueron las primeras escrituras inventadas por los egipcios y los mesopotamios hace cinco mil años. La escritura de los egipcios es llamada *jeroglífica* y la de los mesopotamios *cuneiforme*.

Los signos pasaron de ser representación de objetos, o ideas, a representar el sonido de una palabra; asimismo, como los signos representaban como sonidos, a lo que se hacía con ellos se le llamó *escritura fonética* (de *fonos*, sonido).

El empleo de los signos fonéticos fue el invento creador de la verdadera escritura. Con la combinación de los signos fonéticos, pudieron escribirse las palabras.

Los fenicios fueron quienes inventaron el primer alfabeto.

Y ahora, ¿cómo escribimos? ¿Todo lo que plasmamos nos deja convencidos de que está bien? Leamos.

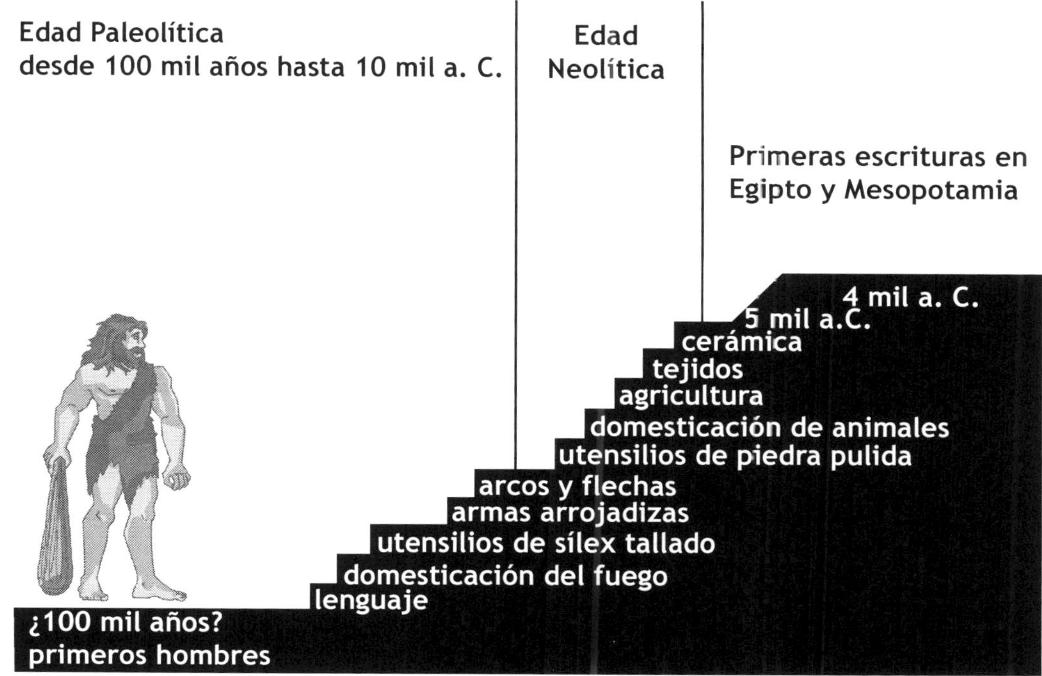

Figura 2.3

2.3 Etapas de la escritura

ETAPAS

Planeación	Redacción	Revisión	Reescritura
¿Qué escribir? **¿A quién?** **¿Cómo?** **¿Con qué?** **¿Para qué?**	Cuidar la ortografía. Uso de signos de puntuación. Claridad y coherencia.	Autorrevisión. Revisión en binas. Revisión en equipo. Revisión por el profesor.	Debes trabajar en la corrección de tu texto tomando en cuenta todas las sugerencias, pero el crítico mayor debes ser tu mismo. Utiliza un diccionario de sinónimos para mejorar tu vocabulario

Proceso de escritura

Se refiere a las etapas que se te sugieren para lograr mejores resultados en la tarea de escribir:

- Planeación.
- Redacción.
- Revisión.

- Reescritura.
- Estilo.

En la primera etapa, que es la *planeación,* deberás tener muy claro:

- Qué es lo que quieres decir,
- A quién se lo quieres decir y
- Con qué intención lo vas a decir.

Aunque estos puntos parecen simples, no lo son; hay que hacer anotaciones previas, investigar tal vez y elegir las expresiones que cumplan la función que deseas; los esquemas y el punteo son estrategias que pueden servirte para ordenar tus ideas, sin duda que te sentirás mejor.

Una vez que hemos dado el primer paso, iniciamos la odisea, es decir, seguimos el orden ya establecido y... manos a la obra. Deja que fluyan las palabras, que le den sentido a tus ideas... *¡estás en la etapa de la redacción!*

Cuida tu léxico, los signos de puntuación, el uso de sinónimos... ¡Cuidado con los homófonos!

Ya que termines, viene una etapa no muy agradable... Nos referimos a la *revisión*; en este momento te darás cuenta de que tal vez mucho de lo que escribiste no corresponde a tu intención o de que los signos lingüísticos (palabras) que utilizaste no son los apropiados, porque no reflejan lo que eres o dan lugar a confusión, así que tendrás que marcar todo aquello que no te agrade.

Pasamos a la siguiente etapa, la *reescritura,* el texto definitivo. En este texto, podremos descubrir ya una característica implícita: ***el estilo***, que será determinado por el vocabulario empleado, la construcción de las estructuras lingüísticas, el uso de los signos de puntuación, la ortografía, las ideas (claras, sencillas o rebuscadas), los recursos literarios y la función de la lengua más utilizada.

No te preocupes... cualquiera que sea tu estilo, será algo muy propio; por lo mismo, siempre será susceptible de modificar, si así lo deseas.

- ¿Qué te pareció esta información?
- ¿Te será útil? ¿Por qué?
- Reflexiona:

¿Quién puede sobrevivir en un mundo tecnificado, burocrático, competitivo, alfabetizado, altamente instruido, si no sabe redactar instancias, cartas o exámenes?

Daniel Cassany

En el siguiente *diagrama de árbol*, explica cada una de las etapas del proceso de escritura.

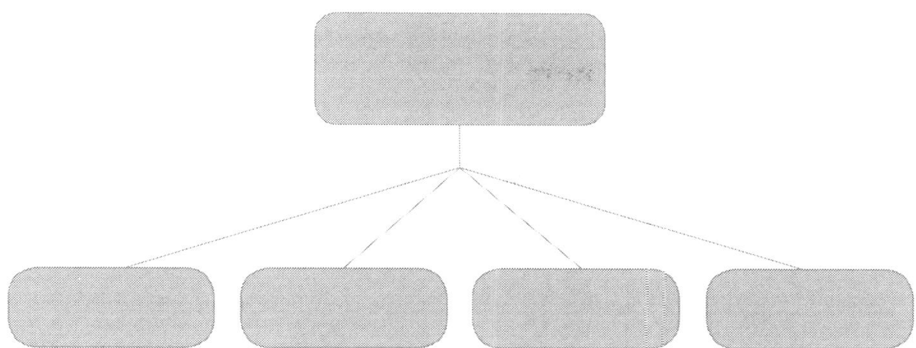

Redacta un texto siguiendo las etapas propuestas; elige uno de los temas siguientes:

- El amor
- La amistad
- La familia

Planeación: ______________________________

____

Redacción: ______________________________

____

____

____

____

____

____

____

____

____

Revisión: ______________________________

____

____

____

____

Reescritura: ______

______

______

______

______

Estilo: ______

______

______

______

______

1. ¿Qué parte del proceso se te dificultó más? ¿Por qué?
2. ¿Sigues habitualmente el proceso de escritura que trabajaste hoy?
3. ¿Qué aspectos crees que determinan el estilo de un escritor?
4. ¿Cómo definirías tu estilo de redacción?

Actividad de cierre

1. ¿Qué piensas del primer cuento de Monterroso?

Coevaluación:

1. ¿Construyó tu compañero de clase una historia diferente o creó un nuevo cuento?

2. ¿El cuento que elaboró tu compañero es interesante? ¿Por qué?

3. ¿Qué semejanzas y diferencias hay entre los cuentos?

Metacognición

1. ¿Distingues en textos sencillos las diferentes etapas del proceso de lectura? Justifícalo.

2. ¿Al reescribir o construir un cuento nuevo, aplicaste el proceso de escritura? Justifícalo.

3. ¿Qué disfrutaste más, leer o escribir? Justifícalo.

5. ¿Qué cuento te agradó más, el tuyo, el de Monterroso o el de tu compañero? ¿Por qué?

Nota: Se sugiere el video *Identidad y Genio* de Carlos Fuentes, CONACULTA para ver el tema de estilo.

Bloque III

REDACTA PROTOTIPOS TEXTUALES

- Define las propiedades de la redacción: adecuación, coherencia y cohesión.
- Conoce los prototipos textuales de la redacción: narración, descripción, exposición, argumentación y diálogo.
- Reconoce las características principales de los prototipos textuales.

Bloque III

Redacta prototipos textuales

Unidad de competencia

Practica una reacción propia, a través de textos modelos, donde pueda utilizar las propiedades y prototipos textuales que le permitan mostrar de manera clara su postura, ideas, mensajes, argumentos, dudas, etcétera, de acuerdo con sus necesidades comunicativas.

Atributos de las competencias genéricas

1.4 Analiza críticamente los factores que influyen en su toma de decisiones.

4.1 Expresa ideas y conceptos mediante representaciones lingüísticas, matemáticas o gráficas.

4.2 Aplica distintas estrategias comunicativas según quienes sean sus interlocutores, el contexto en el que se encuentra y los objetivos que se persigue.

4.3 Identifica las ideas clave en un texto o discurso oral e infiere conclusiones a partir de ellas.

6.2 Evalúa argumentos y opiniones e identifica prejuicios y falacias.

6.4 Estructura ideas y argumentos de manera clara, coherente y sintética.

7.3 Articula saberes de diversos campos y establece relaciones entre ellos y su vida cotidiana.

8.2 Aporta puntos de vista con apertura y considera los de otras personas de manera reflexiva.

8.3 Asume una actitud constructiva, congruente con los conocimientos y habilidades con los que cuenta dentro de distintos equipos de trabajo.

10.2 Dialoga y aprende de personas con distintos puntos de vista y tradiciones culturales mediante la ubicación de sus propias circunstancias en un contexto más amplio.

Actividad de inicio

Lee la siguiente información y expresa oralmente tu opinión (punto de vista) sobre la pena de muerte.

La pena de muerte

Durante los últimos años en Irán se han ejecutado a personas que, según la legislación internacional, eran menores de edad en el momento de cometer el delito por el cual fueron condenadas (en la legislación internacional, se considera menores de edad a los niños y niñas menores de 18 años, como se recoge en la Convención sobre los Derechos de los Niños ratificada por Irán en 1994). Con relación a la pena de muerte, el artículo 37 de la convención dice así:

Los Estados o Partes velarán porque:

a) Ningún niño sea sometido a torturas ni a otros tratos o penas crueles, inhumanas o degradantes. No se pondrá la pena capital ni de prisión perpetua sin posibilidad de excarcelación por delitos cometidos por menores de 18 años de edad [...]

En otoño de 2007, en Irán, se encuentran pendientes de ejecución muchos menores como Sina Paymard o Delara Darabi, que cometieron el delito por el cual se les condenó a muerte cuando eran menores de 18 años.

Casi todos los países del mundo (excepto Somalia y Estados Unidos) han ratificado la Convención sobre los Derechos de los Niños. Pero, en ocasiones prevalece el derecho interno frente al derecho internacional. En Irán, la mayoría de edad se considera a los 9 años para las niñas y 15 para los niños.

3.1 Define las propiedades de la redacción

Propiedades textuales

Mediante una *lluvia de ideas*, contesta las siguientes preguntas y preséntalas en el diagrama.

- ¿Qué es un texto?
- ¿Cómo se debe escribir?
- ¿Cuáles son las propiedades textuales?

Lee el siguiente texto y después contesta las preguntas.

Fecha: 25 de enero de 2006

De: Directora

Para: Personal de Intendencia Asunto: Modificación de evaluaciones

Por este conducto les informo que la evaluación sumativa ha sido modificada en términos porcentuales para todas las asignaturas, menos para las materias de tercero y cuarto.

También les informo que deben supervisar la salida.

Atentamente

Profra. Dolores Ramírez Suberza
Directora del plantel Azahares

1. ¿El texto es adecuado para el enunciatario?

2. ¿Tiene coherencia?

3. ¿Es pertinente la información que se da?

- Con base en las respuestas que diste en la actividad anterior, elabora un *cuadro sinóptico* con el tema de propiedades textuales.

Propiedades textuales

- Lee la siguiente información, que te ayudará a complementar tu estrategia.

Los textos funcionales bien elaborados deben cumplir con las propiedades de *adecuación*, *coherencia* y *cohesión*.

Adecuación. Se refiere al buen uso del léxico y la sintaxis de acuerdo a la situación comunicativa. En otras palabras, la adecuación tiene que ver con la utilización del lenguaje exacto para el tipo de enunciatario, con la información necesaria y pertinente.

Coherencia. La estructuración del mensaje, es decir, la presentación de los contenidos, tiene su fundamento en la interrelación de las partes del texto mediante ciertos mecanismos como el uso de nexos, pronombres y conectores, entre otros.

Cohesión. Resultado de la coherencia y estructuración interna, la cohesión se define como la interconexión de las partes de un texto. Esta propiedad relaciona o jerarquiza los elementos del texto mismo, entre palabras, oraciones y de un párrafo a otro.

- Redacta textos personales destacando cada una de sus características y funciones

  Propiedades de la redacción: **Coherencia, cohesión y adecuación**

  I. Reflexiona en relación a las preguntas que se te plantean, posteriormente, basado en tus respuestas, elabora dos textos donde utilices las diversas funciones de la lengua:

Primer texto

¿Le tienes miedo a la verdad?
¿Mientes con frecuencia? ¿Cuál es la razón?
¿Qué sucede cuando descubres que te han mentido?

Segundo texto

¿Cómo podrías definir al amor?
¿Crees que existan varias clases de amor?
¿Qué suelen decir los enamorados?

Autoevaluación

- Revisa si cada uno de tus escritos está estructurado por párrafos y tiene unidad y coherencia. Fundamenta.
- Identifica su construcción: introducción, desarrollo y conclusión o cierre. Utiliza colores.

3.2 Conoce los prototipos textuales de la redacción

- ¿Harías una composición a las legañas?
- ¿Serías capaz de escribir un poema a una nariz?

Pues todo es cuestión de gustos y de tener deseos de escribir, ya que estos textos realmente se dieron y tuvieron sus seguidores de estilo.

Muchas veces nos preguntamos cómo conseguir la facilidad para redactar y hasta queremos comprar el libro adecuado para lograrlo; realmente se aprende mediante la práctica constante, ejercitando en todo momento esta habilidad.

Los prototipos textuales más comunes son:

- La narración.
- La descripción.

REDACCIÓN	
Narración	**Descripción**
¿Qué es narrar? Relatar, contar en prosa.	¿Qué es describir? Pintar con palabras en prosa.

En un texto regularmente encontramos mezclados estos dos estilos o prototipos textuales.

Existen otros prototipos textuales de la redacción, los cuales tienen propósitos más específicos.

REDACCIÓN		
Exposición	**Argumentación**	**Diálogo**
Informa, explica, es directivo; también narra.	Informa, convence, razona puntos de vista.	Dos o más personas establecen la comunicación por medio de un estilo directo.

- Elabora un *mapa cognitivo de cajas*, del tema *propiedades textuales*.

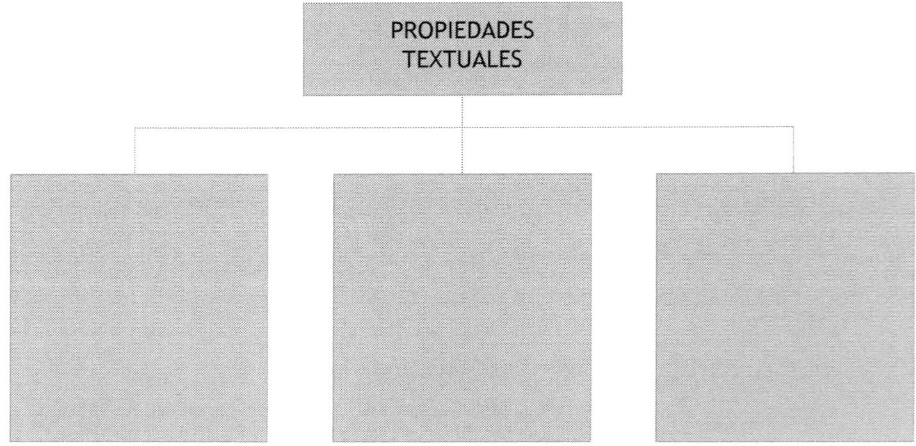

- Observa con atención el documento sobre la modificación de evaluaciones que se presentó anteriormente.
- Indica con un marcador de textos las frases u oraciones que no cumplan con las propiedades textuales; posteriormente, redáctalo de manera correcta en el siguiente formato:

DE: ASUNTO:

PARA: FECHA:

ATENTAMENTE

- Organiza equipos de trabajo de cuatro alumnos para comentar las siguientes preguntas:

  - ¿Fue fácil comprender el texto?
  - ¿Es necesario tener bases en los diferentes niveles lingüísticos del español para elaborar un texto funcional?
  - Escribe tus conclusiones.

Narración

- Relata en tu cuaderno una experiencia interesante que hayas vivido.
- ¿Qué tipo de texto es el que escribiste?
- ¿Qué formas discursivas empleaste?

Escribe tus respuestas en el *cuadro organizativo* que aparece a continuación, y cuando tu profesor(a) indique, escríbelas en el pizarrón.

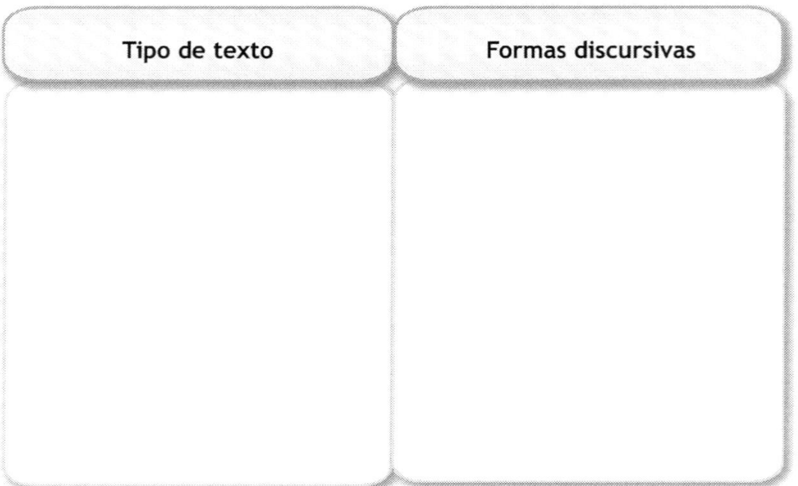

Tipo de texto	Formas discursivas

- Lee el siguiente fragmento y contesta las preguntas que se plantean posteriormente.

Un perro cenizo con un lucero en la frente irrumpió en los vericuetos del mercado el primer domingo de diciembre, revolcó mesas de fritangas, desbarató tenderetes de indios y toldos de lotería, y de paso mordió a cuatro personas que se le atravesaron en el camino. Tres eran esclavos negros. La otra fue Sierva María de Todos los Ángeles, hija única del marqués de Casalduero, que había ido con una mulata a comprar una ristra de cascabeles para la fiesta de sus doce años.

Gabriel García Márquez. *Del amor y otros demonios*, México, 2003, Diana, p. 13.

- ¿Se parece a tu texto?
- ¿En qué?

Para comprobar si tus respuestas fueron correctas, lee la información siguiente. Subraya lo más importante.

La palabra *narrar* significa "contar, relatar, verbalmente o por escrito, hechos reales o imaginarios" (*Diccionario Enciclopédico Academia*).

Narración, por lo tanto, es un relato o una exposición de hechos y situaciones, por lo que implica: acciones o sucesos encadenados unos a otros; sujetos o personajes que realizan las acciones; lugares o ambientes; una persona que relata o narra, y secuencia u orden.

El discurso del relato generalmente se escribe en prosa, aunque se pueden emplear formas como el verso o el diálogo.

- Ahora revisa las respuestas del ejercicio anterior y corrige si es necesario en el siguiente cuadro, llenando además una tercera columna.

	Tipo	**Características**	**Formas discursivas**
Texto que escribiste			
Texto de Gabriel García Márquez			

- Toma en cuenta los dos textos.
- Lee el siguiente fragmento de un texto narrativo clásico de ciencia-ficción; después, analízalo, señala sus características y anota al margen de qué tipo es, así como la forma discursiva empleada.

Cansada de esperar, avanzó entre las columnas neblinosas. Una lluvia suave brotaba de los acanalados capiteles, refrescando el aire abrasador, cayendo suavemente sobre ella. En estos días calurosos, pasear entre las columnas era como pasear por un arroyo. Unos frescos hilos de agua brillaban sobre los pisos de la casa. A lo lejos oía a su marido que tocaba el libro una y otra vez, sin que los dedos se le cansaran jamás de las antiguas canciones. Y deseó en silencio que él volviera a dedicar mucho tiempo a abrazarla y a tocarla como a un arpa pequeña, como tocaba ahora esos increíbles libros.

Ray Bradbury. *Crónicas marcianas*,
España, Minotauro, 2001, p. 18.

1. Has realizado al menos cuatro actividades importantes que te permitieron asimilar nuevos conocimientos; escribe cuáles son y descríbelas.
2. ¿Cuáles son esos nuevos conocimientos?

Descripción

- Observa la siguiente imagen y sobre los renglones escribe lo que ves.

Figura 3.1

¿Qué nombre recibe el texto que acabas de escribir? ______

¿Cómo defines ese término? ______

Lee el siguiente texto:

Confesiones de un pequeño filósofo

Mi tío Antonio era un hombre escéptico y afable; llevaba una larga y fina cadena de oro que le pasaba y repasaba por el cuello; se ponía unas veces una gorra antigua con dos cintitas atrás, y otras, un sombrero hongo, bajo de copa y espaciado de alas. Y cuando por las mañanas salía a la compra —sin faltar una— llevaba un *carrick* viejo y la pequeña cesta metida debajo de las vueltas.

Era un hombre dulce: cuando se sentaba en la sala, se balanceaba en la mecedora suavemente, tarareando por lo bajo, al par qué en el piano tocaba la sinfonía de una vieja ópera... Tenía la cabeza redonda y abultada, con un mostacho romo que le ocultaba la comisura de los labios, con una abundosa papada que caía sobre el cuello bajo y cerrado de la camisa. Yo no sé si mi tío Antonio había pisado alguna vez las universidades; tengo vagos barruntos de que fracasaron unos estudios comenzados. Pero tenía —lo que vale más que todos los títulos— una perspicacia natural, un talento práctico y, sobre todo, una bondad inquebrantable que ha dejado en mis recuerdos, una suave estela de ternura.

José Martínez Ruiz. *Azorín,*
Las confesiones de un pequeño filósofo,
Madrid, Espasa-Calpe, 1976, p. 48.

Ahora contesta las siguientes preguntas. Al terminar, comenta las respuestas en el grupo, asesorado por tu profesor:

Este texto, ¿es similar a lo que escribiste? ______

¿Por qué? ______

______

¿De qué tipo es? ______

La descripción

Describir es representar la imagen de alguien o algo por medio del lenguaje. La descripción es como un dibujo que pretende provocar en la imaginación de quien la lee, una impresión similar a la realidad percibida por el autor. Así, es posible decir que "es pintar con palabras".

El objeto de la descripción es dar la ilusión de la vida, así como presentar los seres, los objetos, las situaciones y los estados anímicos como si estuvieran vivos, como si fueran tangibles. Para lograrlo, es preciso ser fiel a lo que se percibe con los sentidos. Nuestra capacidad de observación debe estar presta a captar los más variados matices y las manifestaciones que nuestros sentidos nos proporcionen, para lograr que la descripción sea lo más completa posible, además de concisa y sencilla.

Se procurará ofrecer sólo los rasgos más sobresalientes, los más significativos. La mejor descripción no es la que más datos incluye, sino la que produce una sensación más viva.

La palabra exacta o sugestiva que necesitaremos para dar vida a nuestra descripción, no suele aparecer fácilmente; sin duda, tendremos que buscarla entre sinónimos o antónimos, es decir, habremos de recurrir a diversos diccionarios.

La descripción utiliza imágenes sensoriales; asimismo, exalta cualidades y defectos físicos y morales. Enumera acciones.

Representa objetos, personajes, acontecimientos, historias, etcétera.

La descripción además puede ser de diversos tipos; algunos de los más comunes son:

- Retrato: que se refiere a la descripción física y moral de una persona.
- Prosopografía: descripción física de una persona.
- Etopeya: descripción moral de una persona, carácter, costumbres.
- Autorretrato: cuando el autor se describe a sí mismo.
- Topografía: descripción de un lugar, un paisaje.
- Cronografía: cuando describe el tiempo o época en que se realiza un hecho.

Por la forma en que emplea la lengua, puede ser:

- Científica: su lenguaje es denotativo; además, es objetiva y exacta.
- Literaria: utiliza expresiones con significado connotativo; asimismo, emplea recursos como la comparación y es subjetiva.

Después de leer la información anterior, comenta con tus compañeros y escucha a tu profesor.

¿Cuál es el objetivo de cada descripción?

- Ahora ya puedes organizar la información que tienes sobre el tema; te sugerimos elaborar en tu cuaderno un *cuadro sinóptico* de los tipos de descripción.

- En seguida te presentamos otros ejemplos; lee con atención y después indica qué tipo de descripciones son y por qué.

Yo veo las llanuras dilatadas, inmensas, con una lejanía de cielo radiante y una línea azul, tenuemente azul, de una cordillera de montañas. Nada turba el silencio de la llanada; tal vez en el horizonte aparece un pueblecillo, con su campanario, con sus techumbres pardas. Una columna de humo sube lentamente. En el campo se extienden, en un anchuroso mosaico, los cuadros de trigales, de barbechos, de eriazo. En la calma profunda del aire, revolotea una picaza, que luego se abate sobre un montoncillo de piedras...

Un camino tortuoso y estrecho, se aleja serpenteando...

Azorín, "La poesía de Castilla", en Alejandra Martínez Ávila. *Comunicación*, México, McGraw-Hill, (Colección Identidad Universitaria), 1995, p. 92.

Tipo de descripción que se utiliza: ______

¿Por qué? ______

El señor y la señora K vivían, desde hacía ya veinte años, a orillas del mar Muerto, en la misma casa en que habían vivido sus antepasados y que giraba y seguía el curso del Sol, como una flor desde hacía diez siglos.

El señor y la señora K no eran viejos. Tenían la tez clara, un poco parda, de casi todos los marcianos; los ojos amarillos y rasgados, las voces suaves y musicales. En otro tiempo habían pintado cuadros con fuego químico; habían nadado en los canales, cuando corría por ellos el licor verde de las viñas y habían hablado hasta el amanecer bajo los azules retratos fosforescentes en la sala de las conversaciones.

Ray Bradbury. *Crónicas marcianas*, España, Minotauro, 2001.

Tipo de descripción que se utiliza: ______

¿Por qué? ______

Bayardo San Román, el hombre que devolvió a la esposa, había venido por primera vez en agosto del año anterior: seis meses antes de la boda. Llegó en el buque semanal con unas alforjas guarnecidas de plata que hacían juego con las hebillas de la correa y las argollas de los botines. Andaba por los treinta años, pero muy bien escondidos, pues tenía una cintura angosta de novillero, los ojos dorados y la piel calcinada a fuego lento por el salitre. Llegó con una chaqueta corta y un pantalón muy estrecho, ambos de becerro natural, y unos guantes de cabritilla del mismo color.

Gabriel García Márquez. *Crónica de una muerte anunciada,* México, Diana, 1998, p. 29.

Tipo de descripción que se utiliza: ______

¿Por qué? ______

- Redacta una descripción del tipo que decidas.

______

______

______

______

______

______

______

______

______

______

Tipo de descripción que utilizaste: ______

1. ¿Con qué frecuencia utilizas este tipo de textos?
2. ¿Cuál es más común?
3. ¿Qué es necesario para lograr una buena descripción?

Exposición

- Explica brevemente qué es una exposición.

- Lee cuidadosamente el texto siguiente:

Pues bien, la historia de este básico cotidiano (el inodoro) se remonta a la isla de Creta, en tiempos de la civilización minoica. Se sabe que en al año 2000 a. C. los cretences gozaban de un sistema complejo de inodoros con cisternas alimentadas por corrientes de agua y palancas que controlaban el flujo del líquido. Sin embargo, según el arqueólogo Bindeswar Pathak, la civilización Harappa, en India, usaba retretes y drenajes al menos 500 años antes que los cretences: es decir, en el 2500 a. C.

"La historia de...", en *Talentos*, México, núm. 4, septiembre de 2005, p. 10.

¿Qué tipo de texto es? ____________

¿Qué características presenta? ____________

____

- Lee el texto siguiente.

La insuficiencia cardiaca se da cuando el corazón no puede mantener un bombeo adecuado de sangre. Sus dos causas fundamentales son: la cardiopatía isquémica (falta o disminución crónica de sangre en el corazón, ocasionada por la obstrucción de las arterias coronarias) y la hipertensión arterial (aumento de la tensión de las paredes arteriales y, por ende, de la presión a la que circula la sangre dentro de ellas).

Antonio Ruiz. "¡Cuidado con las enfermedades cardiovasculares!", en *Sky View*, México, octubre de 2005, p. 41.

¿Qué características observas en él? ____________

____

____

Como te diste cuenta, este texto es distinto a los que conoces. Sus características son:

a) Ofrece información.
b) Incluye explicaciones.
c) Incorpora narraciones.
d) Es directivo, indica lo que es y lo que no es importante.

Estos textos se conocen como *expositivos*.

- Considerando la información anterior, elabora en tu cuaderno un *mapa semántico* acerca del tema *textos expositivos*.

- Localiza en el siguiente texto expositivo las características que lo distinguen; posteriormente, escríbelas en las líneas correspondientes.

La última alarma sobre la aparición de una enfermedad desconocida la dio el pasado 28 de febrero el Dr. Carlo Urbani, de una oficina de la Organización Mundial de la Salud (OMS) que funciona en Hanoi, Vietnam. La enfermedad se manifiesta como una infección muy grave en los pulmones (neumonía) que puede llevar a la muerte. De hecho, algunos de los pacientes se ponen tan graves que requieren de respiradores artificiales para sobrevivir. La nueva enfermedad, bautizada como Síndrome Agudo Respiratorio Severo, o simplemente SARS, ha causado consternación mundial, por la rapidez con la que se ha extendido y por la gravedad que puede revestir.

Esperanza Martínez Romero y Jesús Silva Sánchez, "Batallas microscópicas", en: *¿Cómo ves?* Revista de Divulgación de la ciencia de la UNAM, México, año 6, núm. 66, mayo de 2004, p. 17.

a) ____________________

b) ____________________

c) ____________________

d) ____________________

1. ¿Qué tan importante es conocer las características de los textos expositivos?
2. ¿En qué momentos de tu vida estudiantil recurres a estos textos?
3. ¿Cuál es la finalidad de los textos expositivos?
4. Busca, en las fuentes a tu alcance, dos ejemplos y recórtalos, fotocópialos o transcríbelos; agrégalos a tu cuaderno.

Argumentación

- ¿Qué haces para defenderte cuando se te acusa de algo?
- Cuando quieres justificar no haber hecho una tarea, ¿qué haces?
- Escribe tus respuestas en tu cuaderno y luego compáralas con las de alguno de tus compañeros.

- Resuelve la siguiente matriz.

Prototipo textual	Concepto	Características

- Busca en el diccionario el significado de las palabras que se enlistan y escríbelo en los renglones.

Argumento: ______________________________

____

____

____

Argumentación: ______________________________

____

____

____

¿Estamos frente a otro tipo de texto? Por supuesto, se trata del texto argumentativo, cuya finalidad es intentar convencer mediante razonamientos; lo anterior nos indica que la argumentación se da cuando hay al menos dos puntos de vista distintos.

Su propósito es ofrecer una información amplia y completa respecto del tema de que se trate.

- Tomando como base las definiciones anteriores, construye en tu cuaderno un *mapa conceptual* del texto argumentativo.

- Redacta un texto argumentativo, dirigido a tus padres, para justificar que llegarás tarde.

1. ¿Qué utilidad consideras que tiene el texto argumentativo?
2. ¿En qué casos tienen aplicación?
3. ¿Qué es importante para lograr el propósito de crear un texto argumentativo?

Diálogo

- ¿Has participado alguna vez en una representación?
- Explica tu experiencia a tu compañero más cercano.

- Lee el texto siguiente:

> Casandra está arrodillada orando. Aparece Alberto, quien extiende sus manos, le acaricia el cabello y la besa. Se miran a los ojos con gran ternura.
> Alberto: ¿Por quién rezabas?
> Casandra: Por nosotros. Por nuestro amor (*casi en murmullo*). Alberto, creí que no venías...
> Alberto: (*Poniéndose de pie*) No era mi intención venir. (*Ayuda a Casandra a ponerse de pie.*)
> Casandra: ¿Por qué no? Me habías prometido... ¡Pero estás sin uniforme! ¿No vas a la recepción?
> Alberto: No.
> Casandra: Entonces, yo tampoco iré. (*Tomándole de la mano, intenta llevarle hacia la izquierda.*) Ven. Nos quedaremos en el saloncito.
> Alberto: Casandra, tengo algo que decirte.
> Casandra: Ya me contarás todo lo que quieras. Ven.
> Alberto: (*Sin moverse.*) Vine a despedirme.
>
> René Márquez. "La muerte entrará en palacio", en Alejandra Martínez Ávila, *Comunicación,* México, McGraw-Hill (Colección Identidad Universitaria), 1995, p. 88.

- ¿Te fue fácil la lectura? ¿Por qué?
- ¿Qué tipo de texto es?
- ¿Qué características presenta?

Lo primero que observaste, sin duda, es el hecho de que aparecen los nombres de los personajes que participan, es decir, de quienes hablan, y que no hay un sujeto que narre lo que pasa. A esta forma se le llama estilo directo, en tanto que la forma discursiva es el diálogo.

El texto es un diálogo, que toma su nombre de la acción que se realiza cuando dos o más personas establecen el proceso de comunicación.

En estos textos puedes utilizar el guión largo para señalar la participación de cada personaje. Los textos dramáticos utilizan el diálogo.

Considerando la información anterior, define qué es un diálogo.

____

____

____

- Elabora en tu cuaderno un *cuadro sinóptico* con las características del diálogo.

- Elabora un diálogo en el que participen cuatro personajes con el tema "la honestidad".

1. ¿Has utilizado este tipo de texto en tus escritos personales? ¿Por qué?
2. ¿Qué recurso tecnológico ha favorecido el uso del diálogo escrito?

3.3 Reconoce las características principales de los prototipos textuales

- Lee cada texto y de acuerdo a sus características, anota la palabra **narración o descripción** según corresponda:

Entramos al vestidor de hombres. Dentro todo era niebla por el vapor que se desprendía de las regaderas. Las ventanas eran pequeñas y estaban situadas cerca del techo, de manera que el lugar estaba permanentemente en penumbra.

Brian Keaney. *Los muchachos no escriben historias de amor*,
Fondo de Cultura Económica, México, 1997.

____

El americano comprendió bien claramente que aquel orgulloso muchacho estaba dispuesto a seguir sus consejos y esto le afligía mucho, haciéndole prever grandes disgustos para el porvenir.

Julio Verne. *Dos años de vacaciones*,
Porrúa, México, 2008.

____

Eran ya más de las doce. La marea alta había empezado, y la resaca crecía. La luna era nueva, y por consiguiente las olas iban a ser más fuertes que la víspera.

Julio Verne. *Dos años de vacaciones*,
Porrúa, México, 2008.

____

Mi papá tenía un dicho: "No por mucho madrugar amanece más temprano". Quiere decir que mientras más se ansía que algo ocurra, más tiempo tarda en ocurrir.

Brian Keaney. *Los muchachos no escriben historias de amor*,
Fondo de Cultura Económica, México, 1997.

____

De acuerdo con en las imágenes que se te proporcionan, escribe un texto utilizando al menos dos tipos de descripción. Indica sus nombres.

Tipos de descripción:

1. ______________________

2. ______________________

- Transforma tu descripción en narración.

Actividad de cierre

Retomando la lectura de la actividad de inicio, escribe un artículo para el periódico mural, donde expreses tus puntos de vista al respecto.

Metacognición

1. ¿Qué inquietudes ha despertado en ti el caso presentado?

2. ¿Cómo te has sentido ante la posibilidad de involucrarte en el caso, publicando un artículo en el periódico mural de la escuela? Justifícalo.

3. ¿Identificas los temas y características de los prototipos textuales, se te facilitó expresar tus ideas correctamente? ¿Por qué?

4. ¿Cuáles fueron tus fortalezas y debilidades al redactar el artículo?

Autoevaluación

Comprueba que tu documento cumpla con los siguientes aspectos.

Requisitos de un texto para cumplir con el proceso comunicativo		Valor 50 puntos	Puntaje obtenido
Adecuación	Se utiliza un lenguaje adecuado para las personas a quien se dirige.	15 puntos	
	El texto cumple con la intención para el que fue escrito.	15 puntos	
Coherencia	Precisión en el desarrollo de la idea a tratar.	5 puntos	
	Coherencia y articulación del escrito.	5 puntos	
Cohesión	Se manejan adecuadamente los signos de puntuación y nexos gramaticales.	10 puntos	

Nota: Se sugiere oír los *Cuentos para pensar* de Jorge Bucay o leer *Mirando jugar a un niño* de José Enrique Rodo.

Bloque IV

USO DEL LÉXICO Y LA SEMÁNTICA

- Comprende las reglas de la acentuación.
- Analiza las reglas para el uso de grafías: B y V; S, C, Z y X.
- Clasifica los homófonos: B y V; S, C, Z y X.

Bloque IV

Uso del léxico y la semántica

Unidad de competencia

Practica las principales reglas del uso de grafías en la redacción de textos modelo, a través de lecturas, ejercicios ortográficos y de redacción, que le permitan expresarse y comunicarse en forma oral o escrita en los diversos ámbitos en los que se desenvuelve.

Atributos de las competencias genéricas

1.6 Administra los recursos disponibles teniendo en cuenta las restricciones para el logro de sus metas.

4.1 Expresa ideas y conceptos mediante representaciones lingüísticas, matemáticas o gráficas.

5.1 Sigue instrucciones procedimientos de manera reflexiva, comprendiendo cómo cada uno de sus pasos contribuye al alcance de un objetivo.

6.4 Estructura ideas y argumentos de manera clara, coherente y sintética.

7.1 Define metas y da seguimiento a sus procesos de construcción de conocimiento.

7.2 Identifica las actividades que le resultan de mayor y menor de interés y dificultad, reconociendo y controlando sus reacciones frente a retos y obstáculos.

8.3 Asume una actitud constructiva, congruentes con los conocimientos y habilidades con los que cuenta dentro de distintos equipos de trabajo.

Previo a la actividad de inicio: Se pide a los estudiantes que busquen en carros, talleres, anuncios, Internet letreros mal escritos y los traigan a clases escritos en hojas de Rotafolio.

Actividad de inicio

Presentar los letreros mal escritos al grupo, pegándolos en las paredes para ana-lizarlos y comentarlos. Posteriormente, los estudiantes los corrigen con el si-guiente cuadro.

Letrero	Redacción correcta	Regla ortográfica

4.1 Reglas de acentuación

Lee el siguiente texto.

Querido Jorge perdóname que no te alla escrito pero es que no e tenido tiempo pues han habido muchos problemas y no me dejan un minuto sola. Fijate que ora que llegamos mi tia le conto todo a mi papa de que salia yo sola contigo y nos abrasabamos y besavamos en el malecon y enfin quien sabe cuanta cosa le dijo.

Luego que mi tia se fué mi papá me llamo y me dijo lo que le abia dicho y yo le dige que no era cierto, que salíamos pero con tus hermanas. Bueno, no te creas que lo crello.

Jórge los dias se me asen siglos sin verte, a cada rato pienso en tí, en las noches me acuésto pensando en tí, quiciera tenerte siempre junto a mi, pero ni modo que le vamos a ser.

Jórge apurate en tus clases haber si es posible que vengas a Jalapa porque lo que es yo a Veracruz quien sabe asta cuando valla.

Bueno querido Jórge, saludes a la Nena y Marycarmen, a tu mamá y a tu papá tan bien y muy especialménte a Duran y a su nobia.

No vallas a mandarme cartas a esta direcsión, si quieres escribirme aslo a lista de correos Jalapa Veracruz a nombre de Luisa Berrocal, me entregan la carta porque tengo una credencial con ese nombre.

Buéno, a Dios Jórge, recibe muchos besos de la que te quiere y no puede olbidar

Ana Luisa

- ¿Qué impresión te causó la lectura?
- ¿Qué opinas del manejo de la lengua que se da en el texto?
- ¿Qué aspectos de la lengua no se utilizan adecuadamente?
- Relee el primer párrafo y transcríbelo ya corregido.
- Enlista las palabras que corregiste e indica el tipo de corrección hecha.

____

____

____

____

____

____

- Escribe tu nombre completo:

____

- Ahora, escríbelo de nuevo, pero dividiendo las sílabas:

- ¿Cuántas sílabas tiene tu nombre completo?

- ¿Cuáles sílabas de tu nombre se pronuncian con mayor intensidad?

- ¿Hay alguna dificultad al separar las palabras en sílabas? ¿Cuál?

Algunas consideraciones al separar sílabas:

- Se pueden tener sílabas de una, dos, tres, cuatro o más letras, lo im-portante es identificar que se pronuncian en una sola emisión de voz: triun-fan-te, cua-tro.
- Si tenemos una palabra con diptongo (dos vocales contiguas), el acento escrito se coloca:
  - en la vocal fuerte (a, e, o): pe-rió-di-co, hués-ped
  - en la segunda vocal, si ambas son débiles (u, i): cuí-da-me, ca-suís-ti-ca
  - Si tenemos una palabra con triptongo (tres vocales contiguas), se acentúa siempre la segunda vocal: lim-piéis, con-fiáis

Para recordar

La acentuación en español se basa en la división silábica y la ubicación de la sílaba tónica. Existen 4 tipos de palabras por su acentuación: agudas, graves, esdrújulas y sobresdrújulas.

Las agudas llevan acento escrito cuando la sílaba tónica es la última y termina en *n*, *s* o *vocal*: canción, dejé, París.

Las graves llevan acento escrito cuando la sílaba tónica es la penúltima y terminan en consonante, excepto *n* o *s*: inútil, cáncer, huésped.

Las palabras esdrújulas tienen la sílaba tónica en la antepenúltima sílaba y siempre llevan acento escrito: póntelo, ácido, brócoli.

Las palabras sobresdrújulas tienen la sílaba tónica en la sílaba anterior a la antepenúltima y siempre llevan acento escrito. Las sobresdrújulas son man-datos o imperativos con pronombres unidos al final de la palabra: pidámoselo, véndeselas, compártenoslo.

Existe otro tipo de acento, el acento diacrítico, el cual se aplica para poder diferenciar significados; por ejemplo: él, (pronombre personal), el (artículo); tú (pronombre personal), tu (adjetivo posesivo).

Benavente. *Habilidades de un ensayo*, p. 4.1.

- Divide las siguientes palabras en sílabas y encierra en un círculo las que se pronuncian con mayor fuerza:

formidable	fonómetro	locutor
púlpito	pulquérrimo	entréganosla
ubicación	excelente	galicismo
austero	ridículo	visigótico

- Busca en el diccionario las palabras de la lista anterior cuyo significado desconozcas y escribe una oración con cada una.

1. ______________________________

2. ______________________________

3. ______________________________

4. ______________________________

5. ______________________________

Actividad en equipos

Integra un equipo de cuatro personas y participa en un concurso sobre acentuación. La meta es ganar al resto de los equipos al demostrar la habilidad para identificar y acentuar las palabras en español.

Para empezar, debes confiar en tus conocimientos previos sobre el tema, y recuerda: cada miembro es muy valioso y sus aportaciones serán fundamentales para alcanzar la meta.

Cada equipo debe repartirse los siguientes roles de acuerdo con sus habilidades:

- Representante del equipo: Es el portavoz del grupo; los representa ante el resto de los grupos.
- Motivador: Debe buscar los aspectos positivos de sus compañeros y verbalizarlos. Dice comentarios alentadores a sus compañeros o sobre el trabajo en conjunto.
- Cronometrador: Toma el tiempo y hace conscientes a los demás del tiempo que queda para cumplir con la tarea.
- Explicador: Lee, parafrasea, da ejemplos. Es el encargado de que el resto de los compañeros comprenda lo que se va a hacer, cómo se va a llevar a cabo y la clarificación de los contenidos.
- Participantes: Todos son participantes independientemente de su rol, pues todos deben hacer sus aportaciones al equipo.

▸ Escriban el nombre de los asignados a los roles:

Representante:

____

Motivador:

____

Cronometrador:

____

Explicador:

____

Participantes:

____

Todos los miembros deben prestar atención a las instrucciones que dé el profesor. Cada equipo irá sumando puntos en cada parte, y el que obtenga más puntos será el ganador.

Primera parte (5 minutos)

Contesten las siguientes preguntas:

▸ ¿Qué es una sílaba?

____

____

____

- ¿Qué es una sílaba tónica?

____

____

- ¿Qué es una sílaba átona?

____

____

- Dividan en sílabas, identifiquen y encierren en un círculo la sílaba tónica de las siguientes palabras:

murciélago	cuaderno	expresándoselo	piénsalo
compañero	árbol	cielo	anís
soñé	sensación	lenguaje	cómpraselo
estereotipo	pídeselo	respeto	honestidad
tecnológico	calidad	esfuerzo	exámenes

Corrijan los posibles errores. ¿Cuántos aciertos tuvieron? ______ / 23

Segunda parte

- Clasifiquen las palabras anteriores en el siguiente cuadro, según la ubicación de la sílaba tónica. Deduzcan la regla para cada tipo de palabra y escriban en el encabezado de cada columna si son esdrújulas, graves, agudas o sobresdrújulas.

Sílaba tónica en la sílaba anterior a la antepenúltima •_ _ _ _	Sílaba tónica en la antepenúltima sílaba _ •_ _ _	Sílaba tónica en la penúltima sílaba _ _ •_ _	Sílaba tónica en la última sílaba _ _ _ •_
Regla	Regla	Regla	Regla

Total de aciertos: ______ / 24

- Observa las siguientes palabras, marca el acento cuando sea necesario y clasifícalas en los cuadros de abajo.

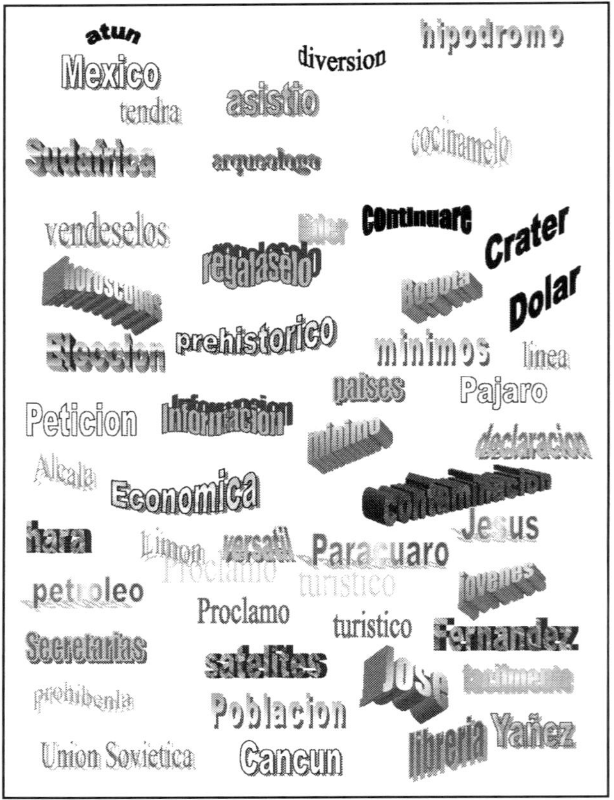

Figura 4.1

Sobresdrújulas	Esdrújulas	Graves	Agudas

Total de aciertos: .... / 53.

¡¡¡A sumar!!! ¿Cuántos puntos obtuvo tu equipo? ¡Felicidades por sus aciertos!

Ejercicio

1. De manera individual, identifica las palabras mal acentuadas o aquéllas a las que les falta acento; corrígelas y escríbelas a la derecha correctamente:

practicás	....	esteril	....
hastian	....	puntápie	....
ambito	....	salio	....
albúm	....	aceite	....
tintero	....	hidrogéno	....

2. Escribe una breve composición sobre lo que hiciste el fin de semana. Cuida de poner los acentos correctamente. Luego, clasifica en el cuadro de abajo 10 palabras que hayas utilizado, lleven acento escrito o no.

Sobresdrújulas	Esdrújulas	Graves	Agudas

El acento diacrítico

Existe un tipo de acento que sirve para diferenciar significados de palabras que se escriben igual; por ejemplo: él / el; tú / tu.

Observa la tabla y luego resuelve los ejercicios.

Sin acento	Uso y ejemplo	Con acento	Uso y ejemplo
el	Artículo definido: **El** coche es de Roberto.	**él**	Pronombre personal: **Él** es el hombre que vi salir corriendo.
tu	Adjetivo posesivo: Me interesa **tu** curriculum.	**tú**	Pronombre personal: **Tú** dime si quieres ir conmigo.
mi	Adjetivo posesivo: ¿Te interesa comprar **mi** casa?	**mí**	Pronombre: ¿El pastel es para **mí**?
de	Preposición: Pablo es **de** Reynosa.	**dé**	Presente del subjuntivo del verbo DAR: ¿Quieres que te **dé** más dinero?
aun, aun cuando	Adverbio: inclusive, también, aun cuando = aunque **Aun** cuando me llame, no lo perdonaré.	**aún**	Adverbio de tiempo = todavía. **Aún** estoy cansada. **Todavía** estoy cansada.
o	Conjunción = para elegir entre dos o más opciones. ¿Vas **o** te quedas?	ó	Conjunción que se usa para separar cantidad cuando se expresan con números: ¿Quieres 4 **ó** 5 taquitos?
mas	Conjunción = sin embargo, pero Quisiera ir, **mas** no tengo dinero. Quisiera ir, **pero** no tengo dinero.	**más**	Adverbio de cantidad: ¿Quieres **más** postre?
se	Pronombre: Diego **se** recuperó rápidamente.	**sé**	Presente del indicativo, primera persona del verbo SABER: Yo **sé** toda la verdad.
solo	Adjetivo de soledad. No me gusta estar sola. A Pedro no le gusta estar solo.	sólo	Adverbio: de modo único, sin otra manera = únicamente: **Sólo** espero que me comprendas. **Únicamente** espero que me comprendas.
este, ese, aquel	Adjetivos demostrativos. Adjetivo + sustantivo Estas revistas están interesantes.	**éste, ése, aquél**	Pronombres demostrativos; pronombre + verbo. **Éstas** tienen mucho color.

Tabla 4.1

Sin acento	Uso y ejemplo	Con acento	Uso y ejemplo
que, quien, quienes, cuando, como, donde	Pronombres relativos: sirven para expresar un antecedente en la oración. La muchacha a quien te presenté es mi cuñada.	**qué quién quiénes cuándo cómo dónde**	Palabras interrogativas o exclamativas. ¿**Qué** pasa? ¡**Qué** suerte!
si	Conjunción = condición Si quieres, te acompaño con mucho gusto.	**sí**	Adverbio de afirmación: **Sí**, quiero ir contigo.
te	Pronombre: Te quiero mucho	**té**	Bebida caliente de alguna hierba o planta. Prefiero tomar **té** en lugar de café.

***Tabla 4.1* (*continuación*)**

- En las siguientes oraciones coloca correctamente el acento diacrítico.
  1. Yo sólo se que no se nada
  2. ¿Te gusta tomar te o café?
  3. El me dijo que el camión pasaba por aquí.
  4. Mi padre me explicó que el regalo no era para mi.
  5. Esta mochila es mía, esa de Ceci y aquella de Perla.
  6. Necesito que me de el dinero de la cuenta.
  7. ¿Necesitas 8 o 9, o quieres esperar a los demás?
  8. Todo está bien, solo que no me gusta quedarme solo.
  9. Mas de dos mil personas asistieron, mas el espectáculo no valía la pena.
  10. Aun espera que regresen los buenos tiempos, aun cuando el tiempo no vuelve jamás.

4.2 Analiza las reglas para el uso de B, V y X

Reglas ortográficas de B, V, y X

- Escribe **b** o **v** en los espacios según corresponda.

El jo____(1)en ayuda____(2)a a la ____(3)uena mujer.

Las ____(4)oces de los niños fa____(5)orecían el ánimo.

La ____(6)ecina ____(7)erdaderamente i____(8)a rápido.

____(9)rillan las estrellas ____(10)ifocales.

Palabras con **B** ....

Palabras con **V** ....

- Evalúa el ejercicio en binas y procura derivar una regla ortográfica producto de la observación de las palabras formadas. Anota cada regla en la columna correspondiente.

Reglas ortográficas	
B	V

- Lee el bloque de enunciados y encierra en círculo de color la sílaba de cada palabra que lleve **B** o **V**.
- Observa el uso de esas grafías y procura derivar una regla ortográfica al respecto.
  - El culpable no tenía la obligación de mostrar benevolencia.
  - Debió abstenerse de obstruir la visibilidad.
  - El evangelio provenía de Villalpando.
  - Todo un villano que tuvo el privilegio de ser absuelto.
  - Envolvió al Jurado a pesar de las advertencias.
- ¿Recuerdas alguna regla?, anótala en la columna correspondiente.
- ¿Qué otras palabras podrían ser modelo de una regla para el uso de **B** o **V**?
- Investiga otros casos del uso de **B** y **V**; compártelos con tu grupo.
- Observa los siguientes conjuntos de palabras, fíjate qué tienen en común y trata de deducir la regla ortográfica correspondiente.

Ejercicio

1. **b**razo, om**b**ligo, **b**roche, **b**lanco, a**b**rigo, ca**b**le, **b**recha, **b**lindaje.

   Si observas las palabras anteriores te podrás dar cuenta que comparten la característica de incluir la consonante l o r. Por lo tanto, la regla que podemos deducir es: *Se escriben con* b *las palabras que la llevan antes de las consonantes* l *y* r.

2. estabilidad, credibilidad, durabilidad, sociabilidad, honorabilidad.

   ¿Qué característica comparten las palabras anteriores? ....

   Por lo tanto, podemos deducir que todas las palabras terminadas en .... se escriben con *b*.

3. amable, estable, indeseable, considerable, miserable, interminable.
¿Qué característica comparten las palabras anteriores? ____________
Por lo tanto, podemos deducir la regla que dice:
____
____

4. Club, Jacob, Job.
¿Qué característica comparten las palabras anteriores? ____________
Por lo tanto, podemos deducir la regla que dice:
____
____

5. Entraba, llegaba, invitaba, amaba, adoraba, cantaba, hablaba.
¿Qué característica comparten las palabras anteriores? ____________
Por lo tanto, podemos deducir la regla que dice:
____
____

6. Temblar, cambiar, combinar, sembrar, cimbrar, ámbar.
¿Qué característica comparten las palabras anteriores? ____________
Por lo tanto, podemos deducir la regla que dice:
____
____

7. nauseabundo, moribundo, vagabunda, errabundo, meditabunda, abunda.
¿Qué característica comparten las palabras anteriores? ____________
Por lo tanto, podemos deducir la regla que dice:
____
____

8. biología, biosfera, biotecnología, biodiversidad, biografía.
¿Qué característica comparten las palabras anteriores? ____________
Por lo tanto, podemos deducir la regla que dice:
____
____

9. benemérito, benefactor, beneplácito, beneficio, beneficiar.
¿Qué característica comparten las palabras anteriores? ____________
Por lo tanto, podemos deducir la regla que dice:
____
____

10. bienestar, bienaventurado, bienhechor, bienvenido.
¿Qué característica comparten las palabras anteriores? ____________

Por lo tanto, podemos deducir la regla que dice:

____

____

11. evaporar, evangelio, nueva, llueva, evangelizar, Evaristo.
¿Qué característica comparten las palabras anteriores? ____________
Por lo tanto, podemos deducir la regla que dice:

____

____

12. evento, eventual, Everardo.
¿Qué característica comparten las palabras anteriores? ____________
Por lo tanto, podemos deducir la regla que dice:

____

____

13. evidente, evidenciar, evidencia.
¿Qué característica comparten las palabras anteriores? ____________
Por lo tanto, podemos deducir la regla que dice:

____

____

14. positivo, positiva, adhesivo, corrosivo, agresiva.
¿Qué característica comparten las palabras anteriores? ____________
Por lo tanto, podemos deducir la regla que dice:

____

____

15. vicerrector, vicepresidente, vicecónsul.
¿Qué característica comparten las palabras anteriores? ____________
Por lo tanto, podemos deducir la regla que dice:

____

____

16. herbívoro, carnívoro, omnívoro, insectívoro.
¿Qué característica comparten las palabras anteriores? ____________
Por lo tanto, podemos deducir la regla que dice:

____

____

17. festividad, creatividad, cavidad, Navidad.
¿Qué característica comparten las palabras anteriores? ______
Por lo tanto, podemos deducir la regla que dice:

______

______

Ejercicio

Lee con atención las siguientes palabras y decide a qué regla pertenecen:

Palabra	Regla	Palabra	Regla	Palabra	Regla
instructivo		dictaba		abrir	
beneficiamos		negociable		furibunda	
evitar		evasión		eventualidad	
amabilidad		granívoro		biólogo	
esnob		combo		manejable	
Natividad		vicepresidencia		blando	

Ejercicio

En los espacios de abajo busca palabras que sean excepciones de las reglas que escribiste arriba.

1. ______
2. ______
3. ______
4. ______
5. ______
6. ______
7. ______
8. ______
9. ______
10. ______
11. ______
12. ______
13. ______

14. ____________________

15. ____________________

Ejercicio

1. Completa las siguientes oraciones con la grafía correcta.

La segunda edición de este libro no ha sido re____isada toda____ía, por lo que sugerimos utilizar las ediciones pasadas que tienen muy ____uenos ejercicios. Esta última edición será revisada en los próximos ____einte días para publicarse en el mes de a____ril del siguiente año.

La tele____isión de____erá ser controlada por los padres de los niños menores de diez años, de____ido a la gran cantidad de ____iolencia que tienen los programas que se transmiten. Es importante que los padres ____ean la televisión junto con sus hijos para que comprendan algunas actitudes que tienen los niños y para que estén conscientes de que este aparato es una manera de educar a sus hijos, positi____a y negati____amente.

El ____eneficio que se o____tiene de la lectura es incompara____le, pues, en primer lugar, es la mejor fuente para adquirir conocimiento. Además, el há____ito de la lectura permite que el cere____ro tra____aje de una manera poco frecuente. Acti____a la imaginación al tener que traducir las palabras en imágenes mentales.

2. Llena los espacios con *v* o *b*.

Increí____le, por eso, no es cierto

Sorprendente caso produjo la mo____ilidad de reporteros, camarógrafos, policías, bom____eros y equipo médico.

En un esta____lo cercano a la ciudad X, se registró el hallazgo de un ser mori____undo, ____idente, es decir, con dos dientes, ____icéfalo y de olor nausea____undo; los la____ios del extraño ser eran de color azul ____ioleta y carecía de pelo.

Los bom____eros trasladaron el extraño ser a un la____oratorio donde los científicos empezaron a estudiarlo.

El dueño del esta____lo declaró: "Yo esta____a durmiendo apaci____lemente, cuando de pronto escuché un fuerte grito; se trata____a de mi hija menor, que fue quien descu____rió el fenómeno.

La entre____ista continuará.

3. Completa con *v* o *b*.

Los arqueólogos que se han dedicado a explorar esta región han encontrado de____ajo de la la____a, restos humanos que comprue____an la existencia remota de los indi____iduos que la po____laron; además, encontraron un gran número de o____jetos como ollas, ____asijas de ____arro, metales, molcajetes y restos de animales, así como figurillas de ______arro de diferentes aspectos, que representan hom______res y mujeres. Todos estos ob-jetos son muestra de la existencia de un arte primiti______o.

Uso de X

- El siguiente título de prensa está desordenado, y por eso no se entiende. Organiza una competencia con tus compañeros para ordenarlo lógicamente en el menor tiempo posible.

extraordinario ex presidente El citó extraoficialmente
consejo un a las investigar para del extralimitaciones
ex gobernador extrañas que resultan sumamente

____

____

____

____

____

- Procura derivar una regla ortográfica observando el uso de la **X** en las palabras anteriores.

____

____

____

- Escribe un eslogan o mensaje publicitario utilizando cada pareja de palabras.

tóxico auxilio	
asfixiar saxofón	
Extraordinario extrañar	
extraviar extraer	

Regla

Se escriben con X las palabras que comienzan con ex, extra (que signifique ex: fuera).

Ejemplos:
Extraordinario, explorar, Ex alcaldesa, extradición.

Regla

Se utiliza la X antes de las siguientes sílabas: pla, ple, pli, plo y pre, pri, pro.

Ejemplos: explanada, explicar, expresar, exprimir. Excepciones: esplendor y espléndido.

También antes de c, p y t se usa X.

Ejemplos: exportar, extinguir.

- Elabora un texto. Utiliza las siguientes palabras: taxi, sexto, exige, examen, máximo, auxilio, exhausto y éxito.

Regla

Muchas veces las palabras llevan "X" sin que respondan a reglas concretas y su ortografía atiende principalmente a la etimología, es decir a su origen y evolución.

Ejemplos: Auxilio, máximo, exagerar, existir.

- Consulta el diccionario y escribe cinco palabras que inicien con X. Anota su significado.

Para recordar

Las reglas ortográficas son muy importantes para el correcto uso del lenguaje escrito; sin embargo, una de las mejores técnicas para tener una buena ortografía es la observación, por lo que la lectura será tu mejor opción para escribir correctamente.

Casi todas las reglas ortográficas tienen excepciones, por eso es importante consultar el diccionario cuando se tiene una duda.

Uso de C, S, Z y X

¿Cómo se escribe: esfuércece o esfuércese?

El uso de estas grafías crea conflicto entre los jóvenes y en algunos adultos, ya que el hecho de que se escuchen igual provoca indistinción en su escritura, ocasionando problemas con la ortografía.

¿Te gustaría afinar algunas reglas?

- A partir de los siguientes grupos de palabras, compara y determina la regla ortográfica. Escribe cada una de esas reglas junto con un ejemplo en el cuadro que viene después.

1. disperso desesperación
   disfgraz desencanto

   Regla: ______

2. cuantioso cautelosa
   dichoso dichosa

   Regla: ______

3. grandísimo peligrosísima
   malísimo guapísima

   Regla: ______

4. grotesco pintoresca
   arisco ventisca pedrusco

   Regla: ______

   Excepciones: bizco, blancuzco, Cuzco, negruzco, pellizco, pizca.

5. cepillarse pararse bañarse

   Regla: ______

6. expresión expreso
   confusión confuso

   Regla: ______

7. centésimo milésimo millonésimo

   Regla: ______

Ejercicio

- Da la regla de las siguientes palabras. Busca en el diccionario los vocablos que desconozcas.

1. despacio: ______
2. valiosa: ______
3. levantarse: ______
4. refresco: ______
5. pequeñísimo: ______
6. vigésimo: ______
7. contusión: ______
8. peinarse: ______
9. conclusión: ______
10. Francisco: ______

- Observa, compara y deduce las reglas del uso de la c. Escribe cada una de ellas junto con un ejemplo en el cuadro que viene después.

1. atención / atento insolación / insolado

   Regla: ______

2. conocer producir anunciar
   cocer introducir pronunciar

   Regla: ______
   Excepciones: toser, asir, extasiar.

3. parricidio homicidio

   Regla: ______

4. paciencia calvicie comercio
   tenencia planicie tercio

   Regla: ______

5. piedrecita piedrecilla
   madrecita manecilla

   Regla: ______

6. pez / peces luz / luces

   Regla: ______

Ejercicio

- Da la regla de las siguientes palabras. Busca en el diccionario las palabras que desconozcas.

1. vez / veces: ____
2. vivencia: ____
3. oración: ____
4. despreciar: ____
5. fratricidio: ____
6. padrecillo: ____
7. ocupación: ____
8. inducir: ____
9. anuncio: ____
10. avestruz / avestruces: ____

- Observa, compara y deduce las reglas para el uso de la z.

1. ladronzuelo ladronzuela

   Regla: ____

2. manazo portazo

   Regla: ____

3. liderazgo hartazgo

   Regla: ____

4. pertenecer: yo pertenezco

   padecer: yo padezco

   Regla: ____

   Excepciones: hacer, deshacer

5. andanza bonanza

Regla: ______________________________

____

____

Ejercicio

- Da la regla de las siguientes palabras. Busca en el diccionario aquellas cuyo significado desconozcas.

1. esperanza: ______________________________
2. mayorazgo: ______________________________
3. hachazo: ______________________________
4. plazuela: ______________________________
5. vencer: ______________________________
6. pujanza: ______________________________
7. fenecer: ______________________________
8. librazo: ______________________________
9. organza: ______________________________
10. experiencia: ______________________________

- Completa los ejercicios con la grafía correcta: *C*, *Z* o *S*.

a) El lidera____go que ha mostrado ese joven____uelo ha causado gran confu____ión ya que es, pre____i____amete, dema____iado joven. Al revi____ar su corta carrera, uno puede dar____e cuenta de que ha trabajado duro.

b) Re____a un dicho popular que "la e____peran____a muere al último"; se podría interpretar que la fortale____a de una persona se mide por sus e____peran____as.

c) Al cepillar____e los dientes, es muy importante produ____ir e____puma sufi____iente para que llegue a toda la dentadura. Si pudiera utili____ar____e una pa____ta dentífrica para dientes sen____ibles, sería mucho mejor.

d) Yo pertene____co a una familia tradi____ional: la mamá, que está al pendiente del hogar y cuida cada centé____imo del gasto familiar. El padre, que es el proveedor de lo ne____e____ario. Ambos nos propor______ionan seguridad y biene______tar; en re______umen, tengo unos padres buení______imos.

e) No veo la ne______e______idad de que salgas dando un porta______o. Por benefi______io tuyo, te soli______ito que te tranquili______e______ y pien______es mejor las cosas antes de produ______ir semejante e______cándalo.

¡Contra reloj!

- Espera la señal de tu profesor; se trata de que escribas el mayor número de palabras posibles con *C*, *Z* y *S*. Luego, revisarán que se hayan escrito correctamente.

S	C	Z

- ¿Cuántos aciertos tuviste en cada grafía?

______

______

______

______

______

______

- Corrige y repite en tu cuaderno 15 veces cada palabra que hayas escrito de manera incorrecta.
- En tu cuaderno redacta una historia en la que utilices las palabras que repetiste, y que por lo menos incluya 5 palabras que contengan cada grafía estudiada: *C*, *S*, *Z* y *X*.

- Para terminar:

Es necesario que tengas presentes las reglas más frecuentes para el uso de estas grafías.

Grafías	Regla	Ejemplos
C	Se escriben con **c:** Las terminaciones **ción** de los derivados de adjetivos acabados en **do** y **to.**	Bendi**to** - bendi**ción** Aclama**do** - aclama**ción** Inscri**to** - inscrip**ción** Transforma**do** - transforma**ción**
	Los **plurales** de las palabras terminadas en **z.**	Pe**z** - pe**c**es Jue**z** - jue**c**es Nue**z** - nue**c**es Nari**z** - nari**c**es Lápi**z** - lápi**c**es
	Los verbos terminados en **acer**, **ecer**, **ocer** y **ucir**. **Excepto toser y coser**.	Compl**acer** Mer**ecer** Con**ocer** Cond**ucir**
	Los diminutivos cito, ecito, cico, ecico, cillo, ecillo.	Peda**cito** Pobr**ecito** Coch**ecito** Jardin**cillo**
S	Se escriben con **s:** Las palabras que inician con **es, os** cuando van seguidas de consonante.	**Es**perar **Os**curo **Es**pecial **Ós**mosis
	Los pronombres reflexivos **se**, no importando si van al principio o al final de la palabra.	Esconder**se** Peinar**se** Dar**se** Molestar**se** Olvidar**se**
	Los sufijos -**ísimo** -**ísima** de los superlativos.	Blanqu**ísima** Ampl**ísimo** Limp**ísimo** Guap**ísima**
	Los adjetivos terminados en sufijos -**oso** -**osa** derivados de sustantivos.	Bondad - bondad**oso (a)** Ánimo - anim**oso (a)** Gracia - graci**oso (a)** Calor - calur**oso (a)**
Z	Se escriben con **z.** Las terminaciones de los apellidos.	Pére**z** Orti**z** Ménde**z** Lópe**z**
	El sufijo **azo** como aumentativo con significado de "golpe".	Port**azo** Cod**azo** Maz**azo** Porr**azo**
	El sufijo **anza** de nombres que proceden de un verbo.	Esperar - esper**anza** Alabar - alab**anza** Acechar - acech**anza**
	Los adjetivos terminados en -**az**, -**izo (a)**	

- ¿Qué tan importante es escribir con corrección?

....

....

Confiamos en que cada vez escribas con mayores habilidades.
¡Suerte!

> *Para recordar*
>
> La buena ortografía es un aspecto más que un universitario debe dominar; existe el recurso de conocer las reglas, pero también el de la repetición de las palabras de difícil escritura, para "memorizarlas" y almacenarlas con su "imagen" correcta.
> Recuerda que en cada trabajo, en cada redacción, en cada frase que escribas, se podrá aplicar este dicho: "Muéstrame cómo escribes, y te diré quién eres". Si eres un universitario, escribe como tal.

4.3 Clasifica los homófonos B y V; S, C, Z y X

Homófonas con *B* y con *V*

Las palabras homófonas tienen igual pronunciación o sonido, pero distinta escritura y distinto significado. A continuación veremos ejemplos de palabras homófonas con *b* y con *v*.

acerbo / acervo
acerbo: áspero, cruel, amargo: *Los hechos produjeron un dolor acerbo en el protagonista.*
acervo: conjunto de bienes o valores: *El acervo cultural de la tribu es escaso.*

baca / vaca
baca: portaequipajes del coche: *La baca viene repleta de bultos.*
vaca: animal: *Compré una vaca lechera.*

bienes / vienes
bienes: posesiones, riquezas: *Vendí todos mis bienes.*
vienes: del verbo venir: *Si vienes, te espero.*

bacía / vacía
bacía: vasija de barbero: *Ya no se ven bacías en las barberías.*
vacía: sin contenido: *El arca está vacía.*

bacilo / vacilo
bacilo: bacteria en forma de bastoncillo: *El bacilo de Koch produce la tuberculosis.*
vacilo: del verbo vacilar: *Si vacilo es porque no estoy seguro.*

balido / valido
balido: voz de oveja, carnero o gamo: *El balido del ciervo y del gamo no suenan igual.*

valido: del verbo valer; persona de confianza de un rey; apreciado, estimado: *El valido real ejerció el poder durante un año.*

barón / varón

barón: título aristocrático: *Al desaparecer la baronía, desapareció el barón.*
varón: hombre: *El primer hijo fue un varón.*

grabar / gravar

grabar: esculpir; fijar algo; registrar imágenes o sonidos: *Tu discurso lo voy a grabar en un archivo.*
gravar: cargar un impuesto o tributo: *Este impuesto va a gravar el consumo de gas.*

había / avía

había: del verbo haber: *No había nadie en casa.*
avía: del verbo aviar, aprestar; disponer algo para el camino: *La niñera avía a los niños para ir al colegio.*

hierba / hierva

hierba: planta: *Estos animales comen mucha hierba.*
hierva: del verbo hervir: *Procure que la leche hierva.*

Nobel / novel

Nobel: premio: *El sueco Alfred Nobel creó los premios que llevan su nombre.*
novel: novato, inexperto, bisoño: *Julio es un tenista novel.*

rebelar(se) / revelar

rebelar(se): sublevarse: *El rebelarse está considerado como delito contra el orden público. El cabecilla intentó rebelar a las tropas.*
revelar: manifestar; descubrir un secreto o una fotografía: *Necesito revelar hoy mismo este rollo.*

rebela / revela

rebela: de sublevar u oponerse: *La guarnición se rebela contra el mando.*
revela: de descubrir: *Lo que revela este acto es la ignorancia de quien lo ejecuta.*

recabar / recavar

recabar: pedir alegando un derecho; alcanzar con súplicas: *Los vecinos quieren recabar fondos para los damnificados.*
recavar: volver a cavar: *No quiero recavar este huerto.*

Homófonas con *S* y con *C*

bracero / brasero

bracero: peón, jornalero no especializado: *En esta zona hay una importante emigración de braceros para trabajar en el campo.*
brasero: recipiente metálico para brasas; hogar o fogón portátil para cocinar: *Los alpinistas llevan su brasero para calentarse en la tienda de campaña.*

caces / cases

caces: del verbo cazar: *Todas las piezas que caces debes entregarlas al guarda del coto.*
cases: del verbo casar, contraer matrimonio, cuadrar cosas: *Tus padres te aconsejan que no te cases pronto.*

cesión / sesión

cesión: renuncia de algo a favor de otra persona; pase de balón a corta distancia: *Emilio hizo la cesión de sus bienes ante notario. La cesión del balón se hizo en fuera de juego.*

sesión: espacio de tiempo; conferencia; función de teatro: *Por hoy ya se terminó la sesión de trabajo.*

cauce / cause

cauce: conducto de agua; lecho de los ríos y arroyos: *Las lluvias elevaron el cauce del río.*

cause: del verbo causar, ser causa, razón o motivo de algo: *No creo que la sequía cause daños en las plantaciones.*

cierre / sierre

cierre: acción y efecto de cerrar; aquello que sirve para cerrar; clausura temporal de tiendas y establecimientos mercantiles: *El cierre de esta puerta no funciona bien. El cierre de la empresa provocó un paro importante.*

sierre: del verbo serrar, cortar o dividir con la sierra: *Todos los troncos que sierre hoy se transportarán mañana.*

concejo / consejo

concejo: ayuntamiento; casa consistorial; municipio: *Los vecinos debatieron el tema en el concejo.*

consejo: parecer, dictamen; órgano de administración de sociedades: *El consejo de administración convocó la reunión anual de accionistas.*

hoces / oses

hoces: plural de hoz (instrumento para segar mieses y hierbas); angostura de un valle profundo: *Las viejas hoces han dejado el paso a las segadoras.*

oses: del verbo osar, atreverse: *Espero que no oses desafiar a ese animal.*

meces / meses

meces: del verbo mecer, mover algo compasadamente de un lado a otro, sin que se mude de lugar: *Si meces al niño en su cuna, se dormirá pronto.*

meses: plural de mes: *En los meses de invierno el tiempo es poco agradable.*

paces / pases

paces: plural de paz: *Los adversarios hicieron las paces.*

pases: licencia, salvoconducto; forma del verbo pasar; entrega de balón entre jugadores del mismo equipo: *Los pases para entrar al recinto los lleva Juan. Tu tío te ha pedido que pases al salón.*

peces / peses

peces: plural de pez: *Estoy cocinando los peces que pesqué en el río.*

peses: del verbo pesar, averiguar el peso: *Deseo que peses la fruta.*

reces / reses

reces: del verbo rezar, orar: *Te traje este misal para que reces.*

reses: plural de res, cabeza de ganado: *Tengo las reses en el pasto.*

reciente / resiente

reciente: nuevo, fresco, acabado de hacer o suceder: *Los hechos a los que me refiero no son recientes.*

resiente: del verbo resentirse, tener dolor o molestia: *El futbolista se resiente aún de la lesión.*

Ejercicios

- Escribe la opción u opciones apropiadas que correspondan al sentido de cada frase.

Te entrego estos **peces / peses** para que los **peces / peses**. ____________

Los vecinos presentaron una queja en el **consejo / concejo**. ____________

El ganadero pidió **consejo / concejo** al veterinario. ____________

Se pelean a menudo, pero pronto hacen las **paces / pases**. ____________

Voy a la sierra; necesito **cerrar / serrar** estos troncos. ____________

El tendero ya se fue; le he visto **cerrar / serrar** la puerta. ____________

Amadeo hizo una **cesión / sesión** de bienes a sus primos. ____________

La **sesión / cesión** del ayuntamiento será en el salón de actos. ____________

Eso no es **reciente / resiente:** hace meses / meces que ocurrió. ____________

Muchos **braceros / braseros** buscan trabajo temporal en el campo. ____________

Si Mariano se **resiente / reciente** de su lesión, no podrá jugar. ____________

El niño que **meces / meses** es el de Luis y Enriqueta. ____________

El **cause / cauce** de las aguas baja considerablemente. ____________

Aquellas **hoces / oses** son de una belleza sin par. ____________

Guarda ese **brasero / bracero**; aquí nunca hace frío. ____________

No creo que este contratiempo te **cauce / cause** graves problemas. ____________

Todo lo que **cases / caces** hoy, lo venderemos en el mercado. ____________

No te **cases / caces** si aún no tienes asegurado tu futuro. ____________

Hay dos **reces / reses** en el establo; no **hoces / oses** venderlas. ____________

- Escribe cada palabra a continuación de su significado.

boxear / vosear

tratar de vos .... pelear a puñetazos ....

meces / meses

plural de mes .... del verbo mecer ....

oses / hoces

del verbo osar, atreverse .... plural de hoz ....

concejo / consejo

dictamen .... ayuntamiento ....

Homófonas con *X*

La letra *X*, cuyo nombre es *equis*, tanto en singular como en plural, presenta algunas peculiaridades interesantes por representar sonidos diferentes según la posición que ocupe en la palabra. El sonido histórico característico es *KS*, pero también puede representar los sonidos *gs* y, con menor frecuencia, *s* o *j*. Veamos los diferentes casos.

1. La *X* entre dos vocales o al final de palabra representa el grupo consonántico *KS*. Ejemplos:

   examen, claxon, anexo, taxi, exótico, óxido, anorexia, axila, relax, clímax, tórax, dúplex, sílex

2. En posición inicial de palabra la *X* se pronuncia a menudo como *s*. Ejemplos:

   xenofobia, xenófobo, xerografía, xilografía, xilófono, xocoyote, Xochimilco, xolo, xilórgano

3. La pronunciación de la *X* en posición final de sílaba puede ser, según las consonantes que sigan, *s* o *KS* (o *gs*). Ejemplos:

   excelente, exportación, extranjero, externo, extraordinario

4. La *X* aparece también con el sonido *j* en algunos topónimos. Ejemplos:

   México, Oaxaca, Texas, Xochitepec

   En todos los casos, la *X* debe mantenerse. En cuanto a la ortografía, las dudas se originan con mayor frecuencia cuando la *X* se pronuncia como *s*.

Uso de *X*

Se escriben con *X*

1. Las voces que comienzan por los prefijos *ex-* ('fuera de', 'más allá' o 'privación') y *extra-* ('fuera de'). Ejemplos:

   excavación, exfoliación, excesivo, excomunión, expatriar, extintor, exocrino, excelente, exánime, exculpar, expectoración, extorsión, extirpar, extractar, extralimitarse, extranatural, extranjero, extraoficial, extrapolar, extraviado, extravertido, extravagante, extrañeza, extradición, extrajudicial

2. Las palabras que empiezan por la sílaba *ex-* seguida del grupo *-pr*. Se exceptúan *esprintar* y *esprínter*. Ejemplos:

   expresar, expresión, expresionismo, expresivo, exprimir, expropiar

3. Los vocablos que comienzan con la sílaba *ex-* seguida del grupo *-pl.* Excepciones notables son: *espliego, esplín, esplenio, esplénico, esplenectomía, esplenitis,* así como *esplendor* y sus derivados. Ejemplos:

   explanar, explanada, explayar, explicar, explícito, explorar, explosión, explotar

4. Las palabras que empiezan por los elementos compositivos *xeno-* ('extranjero'), *xero-* ('seco, árido') y *xilo-* ('madera'). Ejemplos:

   xenofobia, xerocopia, xeroftalmia / xeroftalmía, xenón, xerografiar, xilófono, xilografía, xiloprotector, xilórgano, xilotila

5. La preposición latina *ex* ('que fue y ha dejado de serlo') se escribe separada cuando va antepuesta a nombres de dignidades, cargos u otros nombres de personas. Ejemplos:

   ex presidente, ex ministro, ex directivo, ex concejal, ex diputado, ex alumno

Ejercicios

- Dos de las cuatro palabras mutiladas de cada renglón comienzan por los prefijos **ex-** o **extra-**. Identifícalas y escríbelas al margen.

e____trado, e____tracción, e____claustración, e____trabismo ____________

e____cénico, e____abrupto, e____tornudo, e____tra ____________

e____topa, e____trangular, e____cepción, e____trajudicialmente ____________

e____trarradio, e____tratosfera, e____pectorar, e____parcimiento ____________

e____trategia, e____tracurricular, e____teriorizar, e____torbar ____________

e____traperlo, e____tofado, e____tralimitarse, e____cluyente ____________

e____travío, e____uberancia, e____quizofrénico, e____traza ____________

e____trago, e____traterritorial, e____quivar, e____altado ____________

e____carcelar, e____cabroso, e____trafalario, e____travertido ____________

- Escribe al margen con **x** o **s**, las palabras incompletas de cada renglón.

El orador se e____playó demasiado en su discurso. ____________

Juan me e____plica e____presiones algebraicas. ____________

En la e____plotación se e____prime mucho a los trabajadores. ____________

De las flores del e____pliego se hace un perfume aromático. ____________

La e____ploración médica reveló una e____plenitis. ____________

El delegado municipal fue e____plícito sobre la e____propiación. ____________

Es e____plicable que el jefe fuera e____pléndido con el capataz. ____________

Antes de correr, el e____prínter se e____prime un zumo de naranja. ____________

El e__presionismo se inició como reacción al impre__ionismo. ....

La e__plotación minera se paralizó debido a la e__plosión. ....

- Cada una de las siguientes palabras se corresponde con una de las definiciones que van a continuación. Emparéjalas debidamente.

  xeroteca, xenófobo, xilógrafo, ex diputado, xerografiar, silogizar, xilografía, xerógrafo, silogismo, xenofobia, silo

Arte de grabar en madera. ....

Odio hacia los extranjeros. ....

Lugar seco para guardar trigo u otros granos. ....

Argüir con silogismos. ....

Persona que graba en madera. ....

Persona que fue diputado. ....

Reproducir imágenes por medio de xerografía. ....

Archivo formado por xerocopias. ....

Que siente xenofobia. ....

Persona que tiene por oficio la xerografía. ....

Argumento de tres proposiciones, la última de las cuales se deduce de las otras dos. ....

Palabras que se pueden escribir con *X* o con *S*

Aunque la Academia prefiere las que se muestran en primer lugar, permite dos formas de escribir las siguientes palabras:

expolio o *espolio*
mixtura o *mistura*
mistificar o *mixtificar*
mistificador o *mixtificador*
mistificación o *mixtificación*

complejo o *complexo*
complejidad o *complexidad*
anexo o *anejo**
anexar o *anejar*
luxación o *lujación*

Familias léxicas con *X* y con *S*

Muchas palabras que llevan *x* o *s* no siguen ninguna regla ortográfica, por lo que se recomienda acudir al diccionario. Sin embargo, en muchos casos, puede resolverse la dificultad ortográfica recurriendo a las familias léxicas: generalmente, cuando una pala-

*En estas formas la Academia no expresa ninguna preferencia.

bra se escribe con *x* o con *s,* todas las demás voces de la misma familia se escriben igual. Veamos algunos ejemplos:

reflexionar:	*reflexión, reflexivo, reflexivamente*
excluir:	*exclusiva, exclusión, exclusividad, excluyente*
exhibir:	*exhibición, exhibicionista, exhibidor, exhibicionismo*
expandir:	*expansibilidad, expansión, expansivo, expansionismo*
exterminar:	*exterminación, exterminable, exterminio, exterminador*
asfixia:	*asfixiante, asfixiar, asfixiado*
excepción:	*exceptuar, excepcional, excepcionar, excepto, exceptuación*
excitar:	*excitable, excitación, excitante, excitabilidad, excitado*
excusar:	*excusa, excusable, excusación, excusadamente, excusado, excusión*
espectador:	*espectacular, espectáculo, espectacularidad*
espolvorear:	*espolvoreo, espolvorizar, despolvoreo, despolvorear*
estreñir:	*estreñido, estreñimiento*
estría:	*estriar, estriado, estriación*
escena:	*escenario, escénico, escenificar, escenificación, escenografía*
escasez:	*escaso, escasear, escasero, escasamente*
estrategia:	*estratega, estratégicamente, estratégico, estratego*
estrechar:	*estrechez, estrecho, estrechura, estrechón*
testar:	*testamento, testador, testamentario, testamentaría, abintestato, intestado*
texto:	*textual, textualista, contexto, contextual*
escama:	*escamar, escamada, escamadura, escamante, descamación, descamar, descamativo*

Actividades de cierre

- En el siguiente texto tomado de la revista *Zunzún*, Núm. 242, diciembre de 2007, apareció el texto que a continuación te presentamos. Léelo y escribe los acentos donde corresponda. Posteriormente entrégaselo a tu docente.

"Reir expresa un estado de animo positivo, favorece el rostro y hace a las personas mas agradables, pero... cuidado cuando el motivo de la risa es "el chucho o cuero"... a otros. Asi le llaman a las burlas y a las bromas que se hacen a una persona determinada. Esto puede dañar la autoestima de un compañero.

Burlarse de los defectos fisicos, de las manias o las dificultades de algunas personas, provoca vergüenza, sufrimientos y pocos deseos de permanecer en el grupo. Se puede bromear, reir y jugar sin hacer daño ni estropear la solidaridad tan necesaria que debe existir entre amigos y compañeros. Ademas el respeto y la consideración por el o ella son la base de una solida amistad. Por eso no es bueno reir a costa de algo que hace daño a otro y que puede hasta provocar que se sienta inferior al resto del grupo.

Tomado de *Instrumentos de ortografía* de la Habana, Cuba.

- Lee el texto que se te presenta y corrige las grafías mal aplicadas.

Recorridos por Benecia

Tal ves ninguna otra ciudad ha inspirado a tantos biajeros y artistas como benecia. Con distintas perspectivaz, todos han havlado de ella. No de la benecia turística, resplandesiente y perfecta, sino de esa otra un poco más secreta, oloroza y algo decadente, que se descubre caminando por los canales más estrechoz cuando el sol comiensa a desaparecer y la neblina del mar inbade inadbertidamente cada rinkon.

Es imposible avstraerse de las obras maestras que hacen célevre a la benecia sin embargo, para descubrir su vellesa íntima el secreto es caminarla: Internarnos al asar por los pasajes y callejuelas laverínticas que nos lleban por su archipiélago sestieri (varrios) que ocupan 117 islotez, rodeados por 150 canales y unidos por 409 puentes.

Tomado de Florencia Podestá. "Recorridos por Venecia" en *Escala*, México, diciembre de 2005, pp. 131-142.

En la siguiente sopa de letras encuentra palabras homófonas, después busca su significado y su homófono para que construyas un escrito breve utilizando estas palabras.

A	F	Q	R	H	I	E	R	B	A
C	O	S	B	F	U	I	N	O	S
O	V	A	I	O	S	U	O	D	X
S	I	C	E	S	I	O	N	O	Y
E	M	G	N	S	E	D	D	A	A
R	S	D	E	U	N	D	A	I	Z
F	T	A	S	I	O	Y	B	A	X
W	A	U	G	H	E	A	D	F	N
Q	I	O	V	X	S	G	A	R	M
T	O	R	R	O	S	T	O	R	P

Metacognición

1. ¿Aplicaste de manera correcta las reglas de acentuación en los ejercicios? Justifica.

2. ¿Promoviste la comunicación y la reflexión al compartir tus trabajos? Justifica.

3. ¿Analizaste los diferentes significados que puede tener los textos con palabras homófonas?

4. ¿Realizaste los ejercicios con responsabilidad y limpieza?

Autoevaluación

A continuación se presentan los indicadores para evaluar las actividades realizadas en este bloque, marca con una "X" el grado que consideras se alcanzó según la siguiente escala.

1 Nunca 2 Algunas veces 3 Casi siempre 4 Siempre

Número	INDICADORES	1	2	3	4
1	Utiliza adecuadamente los acentos.				
2	Distingue claramente las características de las palabras, agudas, graves, esdrújulas y sobreesdrújulas.				
3	Aplica correctamente las grafías vistas en el bloque.				
4	Emplea adecuadamente las palabras homófonas para darle un sentido correcto al texto.				
5	Cumple con responsabilidad con las actividades solicitadas.				

Escala

0-5	¡Alerta! Te proponemos realizar un ejercicio de cada tema. Recuerda que este es un proceso en el que siempre habrá oportunidad de mejorar.
6-10	¡Vamos mejorando! Revisa los ejercicios donde fallaste y vuélvelos a hacer.
11-15	¡Muy bien! Tu desempeño pone de manifiesto el logro de competencias logradas, pero aún te falta practicar más.
16-20	¡Felicidades! Eres muy buen estudiante, disfrutas lo que haces, eres responsable y haz logrado la competencia.

Bloque V

REDACTA TEXTOS PERSONALES

- Reconoce las funciones del lenguaje que predominan en el texto personal: emotiva y apelativa.
- Identifica las características de los textos personales: externas e internas.

Bloque V

Redacta textos personales

Unidad de competencia

Utiliza la función emotiva y la función apelativa en la redacción de textos personales, que expresen connotativamente su contexto cotidiano.

Atributos de las competencias genéricas

1.4 Analiza críticamente los factores que influyen en su toma de decisiones.

4.1 Expresa ideas y conceptos mediante representaciones lingüísticas, matemáticas o gráficas.

4.2 Aplica distintas estrategias comunicativas según quienes sean sus interlocutores, el contexto en el que se encuentra y los objetivos que persigue.

4.3 Identifica las ideas clave en un texto o discurso oral e infiere conclusiones a partir de ellas.

6.2 Evalúa argumentos y opiniones e identifica prejuicios y falacias.

6.4 Estructura ideas y argumentos de manera clara, coherente y sintética.

7.3 Articula saberes de diversos campos y establece relaciones entre ellos y su vida cotidiana.

8.2 Aporta puntos de vista con apertura y considera los de otras personas de manera reflexiva.

8.3 Asume una actitud constructiva, congruente con los conocimientos y habilidades con los que cuenta dentro de distintos equipos de trabajo.

10.2 Dialoga y aprende de personas con distintos puntos de vista y tradiciones culturales mediante la ubicación de sus propias circunstancias en un contexto más amplio.

Actividad de inicio

Situación o caso

A una amiga tuya sus papás le organizaron una comida para festejar sus 15 años, por lo cual tu amiga tendrá que agradecer la presencia de sus familiares y amigos leyendo un discurso.

1. ¿Qué le sugerirías?
2. ¿Qué aspectos tiene que tomar en cuenta para resolver la situación con éxito?
3. ¿De qué otra forma puede resolverlo

Una reflexión para ti

En esta unidad encontrarás una cantidad considerable de saber literario. Estar consciente de qué se desea escribir y de cómo se debe escribir es el ideal de todo ser humano que se precie de dominar su idioma. Tenemos limitantes, es cierto, pero si estudiamos un poco aquellos aspectos que nos facilitarán esta empresa, todo se convierte en goce y disfrute.

Queremos contribuir a que leas y escribas con mayor eficacia, eligiendo las palabras necesarias para darle el toque personal a tus textos sin temor a equivocarte.

Recuerda que nada es mágico y que tú, con tu empeño y dedicación, eres quien logrará los frutos anhelados.

¿Quién goza más el que ama o el amado? ¿Quién disfruta más en el proceso de la comunicación, el hablante o el oyente? El que lee o el que escribe? Grandes dilemas, pero... ¡tú tienes la respuesta! Adelante, pon todo tu empeño.

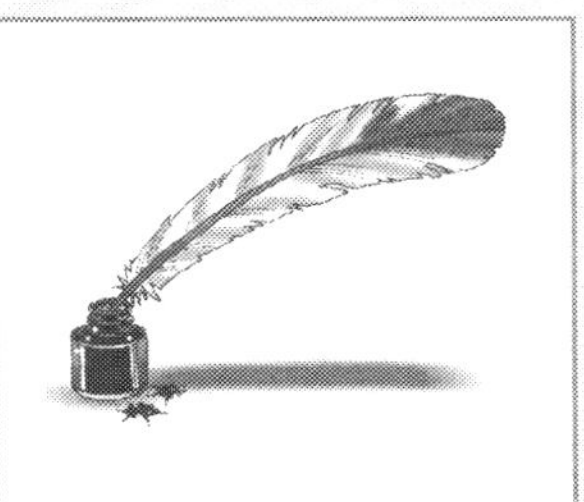

Algo de historia...

¿Sabías que el 23 de abril de 1616 fallecieron Miguel de Cervantes Saavedra y William Shakespeare, los dos más grandes autores de la literatura universal, y que por eso ahora se celebra en esa fecha el Día Mundial del Libro?

5.1 Funciones de lenguaje que predominan

Para recordar

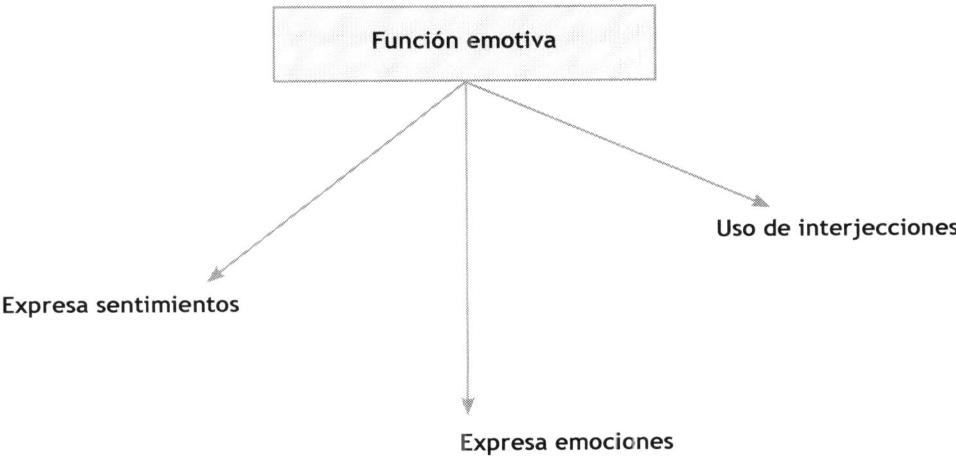

Actividades

- Lee el siguiente texto.

> Me dí cuenta de todo a fondo. ¡Ay! Cómo crece el pavor.
> El pavor lo hace a uno consciente de cada movimiento.
> Advertí que sólo pensaba en mí mismo... Me afligía y me serenaba.
> Estaba aterrado, pero el llanto de mi hija retumbaba dentro de mí era interminable… lo seguí oyendo mucho rato después.
>
> Poco a poco el miedo cedió, pasó o coexistió junto al dolor, la incertidumbre, el deseo de ayudar, el azoro. "La peor catástrofe de la ciudad de México".
>
> Yolanda Argudín, María Luna (1998). *Aprender a pensar leyendo bien.* P y V Editores, México, p. 66.

- Utiliza colores para señalar las características que comprueben la función emotiva.
- Posteriormente transcríbelas.

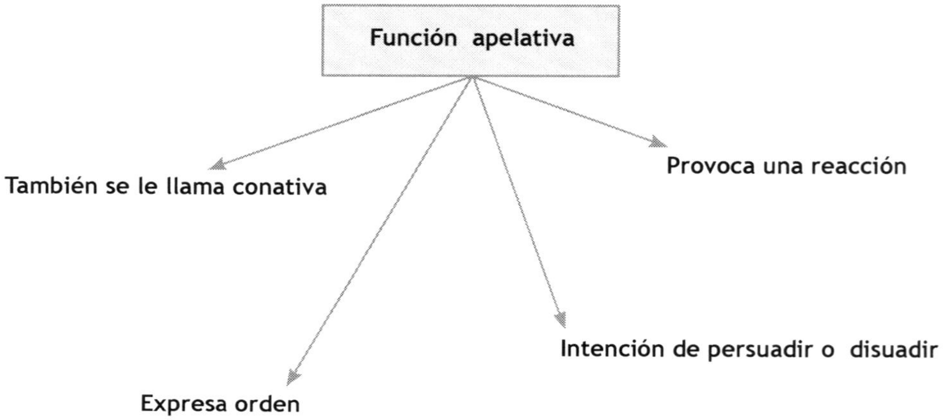

____

____

____

____

____

____

____

Función apelativa

También se le llama conativa

Provoca una reacción

Intención de persuadir o disuadir

Expresa orden

Actividades

- Lee el siguiente texto y posteriormente escribe sobre las líneas los ejemplos del uso de la función apelativa de la lengua.

> La solidaridad de la población se transformó en toma de poder. (Collage de voces, impresiones, sensaciones de un largo día).
>
> Día 19, hora 7:19 am. El miedo. La realidad cotidiana en oscilaciones, ruidos categóricos o minúsculos estallidos de cristales, desplome de objetos o de revestimientos, gritos, llantos, el intenso crujido que anuncia la siguiente impredecible metamorfosis...
>
> Los segundos premiosos plenos de una energía que azora, corroe, intimida, se convierte en la debilidad de quien la sufre. "El fin del mundo es el fin de mi vida". Versos. "No pasa nada, no hay que asustarse. Guardemos la calma" "Vístete pronto". "No corras". "Busca a tu hermana". "No me abandones".
>
> Y el tiempo se hizo eterno.
>
> *Adaptación*
>
> Yolanda Argudín, María Luna (1998). *Op. cit.*, pp. 65.

- Trabaja en equipo el siguiente *diagrama Ra-P-Rp,* lee cada pregunta de la columna **P** y contesta del lado izquierdo (columna **Ra**).

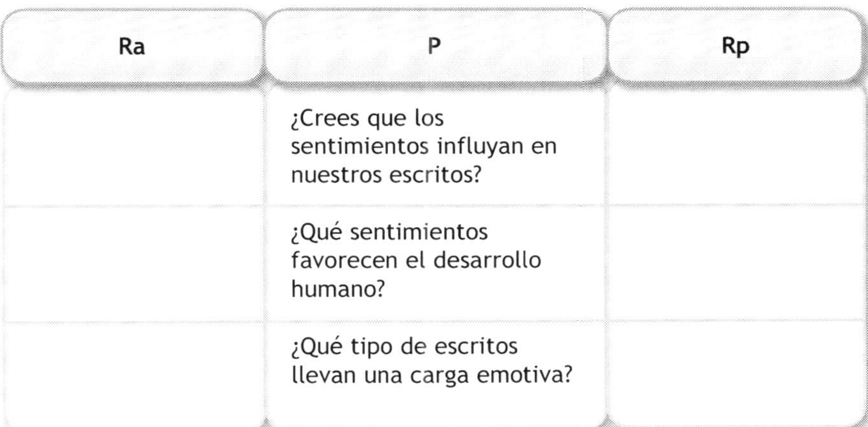

Ra	P	Rp
	¿Crees que los sentimientos influyan en nuestros escritos?	
	¿Qué sentimientos favorecen el desarrollo humano?	
	¿Qué tipo de escritos llevan una carga emotiva?	

- Anota tres recursos que es posible utilizar en un lenguaje emotivo.

__________ __________ __________

Lee los siguiente textos:

Texto 1

Llevo once noches sin dormir, once noches ahogándome y creyendo a cada instante que voy a morir. El médico ha ordenado que no me dejen coger la pluma. Julie Duprat, que me vela, me permite escribirle estas líneas. ¿No regresará, pues, antes de que me muera? ¿Todo ha terminado definitivamente entre nosotros? *Creo que si usted viniera me curaría*. ¿Para qué curarme?

Alejandro Dumas. *La dama de las camelias,* México, Porrúa, 1978, p. 117.

Texto 2

Era la época dorada de la vida de todo ser humano, estaba entrando a la adolescencia y cursaba la secundaria; todo parecía maravilloso, *hasta las clases lo parecían*.

Pero llegó aquel día... Durante un receso, como de costumbre, me dirigí, junto con mis amigos, a las canchas de basquetbol y de inmediato armamos "la retadora". El partido comenzó y, minutos más tarde, un jugador del equipo contrario al darse cuenta que les ganaríamos me lanzó el balón al rostro; obviamente me enfurecí, me dirigí hacia él y lancé un golpe que dio en su mandíbula... Descargué todo mi coraje, lo derribé, pero... un dolor agudo me asaltó; mi mano derecha parecía desbaratarse. Me llevaron al servicio médico; la doctora le habló a mi madre y le dijo la versión oficial del asunto: recibió mal un balón y se fracturó. Esta historia había sido perfecta, a no ser por el médico que me atendió en el hospital, quien le dijo a mi madre: ¿Cómo quedó el otro? Mi madre se sorprendió y contó lo que ella sabía; pero el doctor insistió, esta fractura se llama "fractura del boxeador" y se produce...

Todavía parece que escucho la explicación y veo la sorpresa en el rostro de mi madre... Me habían descubierto.

H. S. M., 1994; texto inédito.

Texto 3

San Felipe Torres Mochas (en el estado de Guanajuato) es el pueblo donde nací. Allá hice mis estudios primarios y en México, en la Universidad Autónoma, cursé la carrera de Letras Españolas.

He conocido, entre otros países, China, Rusia, Cuba, de inolvidables recuerdos...

He publicado veinte libros de versos. Ellos son como un itinerario sorpresivo en la búsqueda eterna de la poesía, la más huidiza de las maravillas. Sigo empeñada en seguir tras de sus huellas luminosas durante el resto de tiempo que me permita vislumbrarla.

Margarita Paz Paredes. *Litoral del tiempo,*
México, SEP (Lecturas Mexicanas, 58), 1986, p. 6.

Texto 4

Nasu, Japón, a 11 de octubre de 1993.

¡Hola, familia!

Les saludo con mucho cariño desde el otro lado del mundo (literalmente, ¿eh?).

Como les prometí, les envío algunas fotografías de los lugares más bonitos que he conocido, pero una es mi preferida... Ustedes perdonarán, pero tuve que salir de espaldas, pues ésa era la pose requerida; al fondo está el Pabellón de Oro de Kyoto, del cual ya les había contado; sólo les resta adivinar cuál de las dos bellezas soy yo. ¡Premio al que acierte!

Reciban besos y todo mi amor, pronto estaremos nuevamente juntos.

Los quiere y extraña:

La hija más rebelde, la hermana más consentidora y sobre todo... ¡La más guapa de los tres cochinitos... yo, Patty!

Martha Patricia Hernández Sánchez.

Figura 5.1

Considerando lo leído, contesta la columna **Rp** de la *estrategia Ra-P-Rp*.

En equipo, realiza las siguientes actividades:

1. Comenta el contenido de los textos.
2. ¿Qué opinas del lenguaje?
3. ¿Qué funciones predominan?
4. ¿Qué otras características observas?
5. ¿Crees que son iguales? ¿Por qué?
6. ¿Qué recursos utilizados en ellos los hace distintos a lo que escuchamos cotidianamente?
7. ¿Qué tipo de textos son?

- Redacta, en forma breve, dos párrafos en donde expongas la intención comunicativa que observaste en los textos y los recursos literarios empleados.
- Cuida tu ortografía y los signos de puntuación.
- Coevalúa tu trabajo con un compañero.

1. ¿De qué manera influyen en los textos personales las funciones emotiva y apelativa?
2. ¿Qué aplicación les darías en tus escritos?
3. ¿Qué signos de puntuación ayudan a la intención comunicativa de los textos?

5.2 Identifica las características de los textos personales

- Escribe un texto breve, en donde utilices las funciones emotiva y apelativa.
- Indica qué recurso literario está presente en tu trabajo.
- Coméntalo con el resto del grupo.
- Autoevalúate.
- Por medio de una *lluvia de ideas*, menciona cuáles son las características estructurales.

- Lee los siguientes textos personales.
- Posteriormente, intégrate en *binas* y describe las características internas y externas de cada texto.

Texto 1

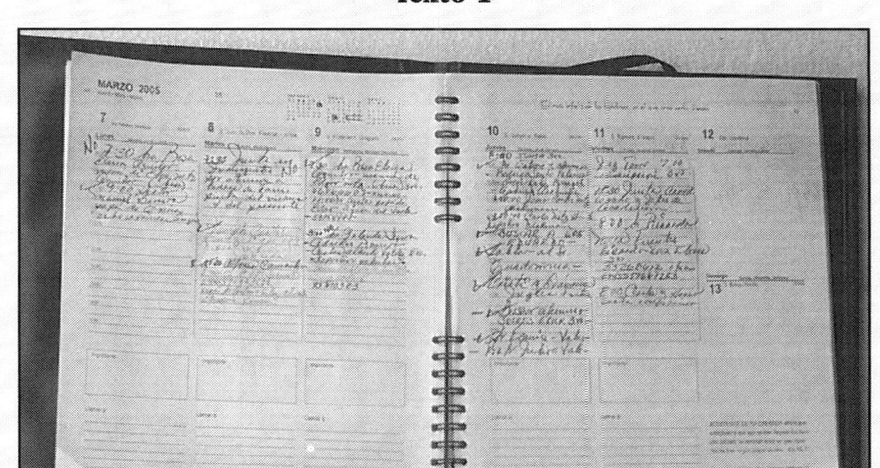

Figura 5.2

Texto 2

Nasu, Japón, a 31 de agosto de 1993.
¡Hola, José Luis!

¿Cómo has estado "burro"? No te enfades, hermanito, lo de "burro" es porque ¡ya eres del Poli! Aprovecho entonces ésta para felicitarte y decirte que me siento muy orgullosa de ti; espero que te la estés pasando muy bien en tu nueva etapa estudiantil; ojalá que conozcas muchos amigos, pero sobre todo... amigas.

Te envío esta carta-telegrama para que veas que sí me acuerdo de ti y voy a contestar la pregunta que me hiciste: ¿Qué es el *tatami*? Bueno, pues es una especie de petate muy fino y muy bien hecho, tejido y con colores diversos; es un poco más grueso que el petate; se coloca en el piso como tapete para sentarse en él; además, se coloca sobre él una mesa que no es alta como la que usamos en México, sino que es baja, apenas para que quepan las piernas o que alcance una persona en posición de hincada, que es así como acostumbran tomar sus alimentos, aunque en muchos casos en el piso hay un hueco bajo la mesa para que puedan sentarse más cómodamente, pues ahí introducen sus piernas y cuelgan; ya no las tienen dobladas. En todas las casas hay un tatami, eso es indiscutible. También se acostumbra colocar un tapete sobre la mesa como si fuera un mantel y éste es eléctrico, pues en época de invierno hace tanto frío y nieva todos los días que es necesario el calor artificial, de lo contrario te congelarías o sufrirías mucho con estas bajas temperaturas.

Bueno, espero no haberte aburrido con mi explicación. Me despido recordándote que debes cuidar a Miguel, nuestro pequeño hermano; es tu responsabilidad compartir las experiencias que le hagan la vida más fácil de lo que ha sido para nosotros.

Te quiere y extraña.

Patty
(Tu hermanita consentida)

Texto 3
(autobiografía)

Lunas de plata,
vuelen como gacelas
por la sabana
y arribe ya mi niño,
¡le daré mi alma!

Hijito: yo quiero heredarte un mundo en el que todas las enfermedades puedan curarse; un mundo en el que la guerra, la injusticia, la crueldad y el desempleo no existan; un mundo al que no obscurezca el egoísmo; un mundo en el que los gobiernos emanen del pueblo y sean honrados y progresistas y en el que el amor fraternal una a los hombres sobre cualquier consideración de raza o credo, es decir: un mundo de buena voluntad en el que ganes con el trabajo que te guste hacer lo necesario para vivir sin carencias y logres realizar tus sueños.

Adela Palacios. *Los palacios de Adela, Apuntes autobiográficos*, México, Instituto Mexicano de Ciencias y Humanidades, 2003, p. 50.

Texto 4
Correo electrónico

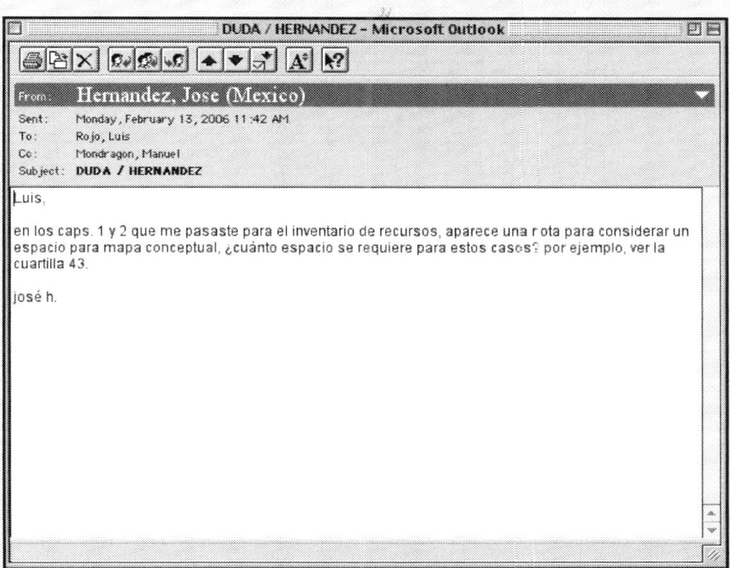
DUDA / HERNANDEZ - Microsoft Outlook

From: Hernandez, Jose (Mexico)
Sent: Monday, February 13, 2006 11:42 AM
To: Rojo, Luis
Cc: Mondragon, Manuel
Subject: **DUDA / HERNANDEZ**

Luis,

en los caps. 1 y 2 que me pasaste para el inventario de recursos, aparece una r ota para considerar un espacio para mapa conceptual, ¿cuánto espacio se requiere para estos casos? por ejemplo, ver la cuartilla 43.

josé h.

Figura 5.3

Características internas:

Texto 1:

Texto 2:

Texto 3:

Texto 4:

Características externas:

Texto 1:

Texto 2:

Texto 3:

Texto 4:

Lee la siguiente información, la cual te permitirá aclarar tus dudas y enriquecer tus respuestas.

Características externas:

a) Su estructura es variable, la cual depende del tipo de texto de que se trate.
b) Su extensión también es variable.

Características internas:

a) El lenguaje que emplean generalmente es cotidiano.
b) Hacen uso de diversos prototipos textuales, entre los cuales están la narración, la descripción y el diálogo.

c) Sus mensajes son subjetivos, es decir, expresan el sentir del autor.
d) Utilizan frecuentemente recursos literarios.
e) Las funciones del lenguaje más utilizadas son la emotiva y la apelativa.

- Considerando la información anterior, elabora un *diagrama de árbol*.

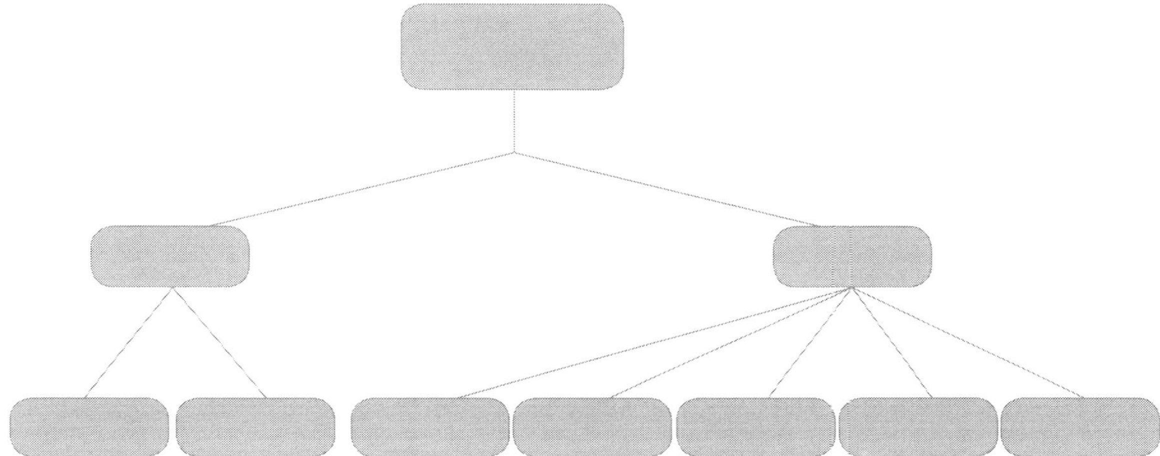

Actividad de cierre

Elabora un discurso para agradecer a los invitados por asistir a tu fiesta de 15 años, en éste deberán predominar las funciones emotiva y apelativa. Posteriormente, intercámbialo con un compañero para su coevaluación.

Instrucciones: Lee detenidamente las siguientes afirmaciones y marca con una "X" en el cuadro que corresponda, atendiendo el grado que posees respecto a los siguientes indicadores.

1 Nunca

2 En algunas ocasiones

3 En la mayoría de las ocasiones

4 Siempre

Indicadores	1	2	3	4
1. El texto tiene claridad y coherencia.				
2. Se incluyeron las funciones emotivas y apelativas.				
3. Se emplearon correctamente los acentos.				
4. Se presentó un trabajo en limpio.				
5. Se utilizó el léxico adecuado.				

Bloque VI

CLASIFICA LOS TEXTOS PERSONALES

- Conoce los textos históricos: autobiografía, diario, memoria y cuaderno de viaje.
- Conoce los textos familiares: anécdota, carta y mensaje electrónico.
- Conoce los textos escolares: agenda, bitácora, apuntes de clase y cuaderno de trabajo.

Bloque VI

Clasifica los textos personales

Unidad de competencia

Emplea la clasificación de los textos personales como parte fundamental para emitir e interpretar mensajes de manera asertiva en los ámbitos personal, familiar, escolar, social y cultural.

Atributos de las competencias genéricas

4.1 Expresa ideas y conceptos mediante las representaciones lingüísticas, matemáticas o gráficas.

4.2 Aplica distintas estrategias comunicativas según quienes sean sus interlocutores, el contexto en el que se encuentra y los objetivos que persigue.

4.3 Identifica las ideas clave en un texto o discurso oral e infiere conclusiones a partir de ellas.

5.1 Sigue las instrucciones y los procedimientos de manera reflexiva, comprendiendo cómo cada uno de sus pasos contribuye al alcance de un objetivo.

6.2 Evalúa los argumentos y las opiniones e identifica prejuicios y falacias.

6.4 Estructura ideas y argumentos de manera clara, coherente y sintética.

7.3 Articula saberes de diversos campos y establece relaciones entre ellos y su vida cotidiana.

8.2 Aporta puntos de vista con apertura y considera los de otras personas de manera reflexiva.

10.2 Dialoga y aprende de personas con distintos puntos de vista y tradiciones culturales mediante la ubicación de sus propias circunstancias en un contexto más amplio.

Actividad de inicio

Se les solicita a los estudiantes que redacten un texto de tipo personal. Guárdalo en tu portafolio de evidencias para su revisión durante la evaluación al término del bloque.

Posteriormente se leerá en voz alta frente al grupo, para que los compañeros identifiquen a qué tipo de texto pertenece.

6.1 Conoce los textos históricos

- Lee cada uno de los textos y de acuerdo a sus características clasifícalos:

En la tarde del día 15 de febrero de 1860 salían del mencionado colegio un centenar de muchachos, acompañados de sus padres, y parecían, más que colegiales, pájaros escapados de sus jaulas, dadas la alegría y algazara con que avanzaban.

Julio Verne. *Dos años de vacaciones,*
Porrúa, México, 2008.

____

Hay una fotografía, en uno de nuestros álbumes, de cuando yo tenía cuatro años. En ella se ve a un chiquillo, un poco bobalicón, parado a las puertas de la escuela con una sonrisa de oreja a oreja. Al pie de la foto dice: Primer día de clases de Mateo.

Brian Keaney.
Los muchachos no escriben historias de amor.
Fondo de Cultura Económica, México, 1997.

____

La comida entre una y dos de la tarde se componía de caldo, con limón exprimido y chile verde estrujado; sopas de arroz o fideo, tortilla, puchero con todos sus adminículos, es decir: coles y nabos, garbanzos, ejotes, jamón y espaldilla, etcétera.

Guillermo Prieto. *Memorias de mis tiempos.*
Porrúa, México, 2004.

____

En un *mapa cognitivo tipo sol* anota los tipos de texto personales que conoces.

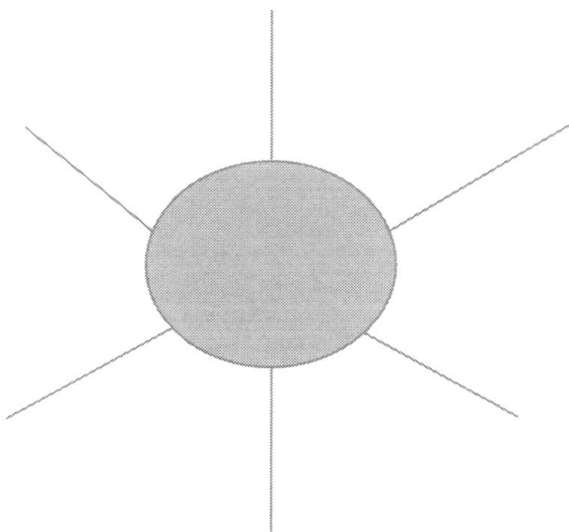

Lee y clasifica los siguientes textos tomando en cuenta su estructura:

Texto 1

19 de julio.
"¡Hoy la veré!", fue la primera exclamación al despertarme, y al ver brillar al sol que se levanta con todo su esplendor. ¡Hoy la veré! Ningún otro deseo, ningún otro pensamiento tengo en qué ocuparme en todo el día. Todo se absorbe en esta idea, todo se resume en este pensamiento: ¡Hoy la veré!

J.W. Goethe. *Werther*,
México, Porrúa, 1963, p. 20.

Tipo de texto: ....

Texto 2

Nací en la ciudad de México un día en que la naturaleza hacía sentir su poder. Era un día triste y lluvioso. El 11 del mes de julio mi llanto llenó la habitación de lo que sería mi hogar.

Llegué para ocupar el segundo lugar de mis hermanos y el primer lugar en el cariño de mis padres.

Mi infancia transcurrió dentro de la normalidad esperada; a los tres años acudí al jardín de niños y a los seis años ingresé a una escuela primaria oficial...

Tipo de texto: ....

Texto 3

La timidez

La timidez es una condición extraña del alma, una categoría, una dimensión que se abre hacia la soledad. También es un sufrimiento inseparable, como si se tienen dos epidermis, y la segunda piel interior se irrita y se contrae ante la vida. Entre las estructuraciones del hombre, esta calidad o este daño son parte de la aleación que va fundamentando, en una larga circunstancia, la perpetuidad del ser.

Pablo Neruda. *Confieso que he vivido*,
México, Porrúa, 1985, p. 45.

Tipo de texto: ______________________

Texto 4

Volamos desde Birmania cruzando las estribaciones montañosas que la separan de China. Desde Mandalay el avión se elevó sobre los arrozales...

En Kun Ming, la primera ciudad china tras la frontera, los árboles de los parques habían sido tratados con cirugía estética...

También fuimos a visitar un bosque de piedras bizarras. Cada roca se alargaba como monolítica aguja o se encrespaba como ola de un mar inmóvil...

Pablo Neruda. *Confieso que he vivido*,
México, Porrúa, 1985, p. 295.

Tipo de texto: ______________________

¿Por qué los clasificaste así?

____

____

____

- Lee la siguiente información y, con ayuda de tu profesor, define cada uno de los tipos de textos.

Autobiografía

Todos guardamos, sin duda, muchos datos de nuestra vida. Tenemos cuidado de no dejar morir aquellos momentos importantes, pero también conservamos los que, aunque en su momento nos hicieron sufrir, nos ayudaron a enfrentar mejor los problemas y nos permitieron madurar.

También nos encargamos de investigar aquello que vivimos durante los primeros años; para ello, escuchamos con atención a nuestros padres, a la tía (que en toda familia existe y que ha guardado para nosotros parte de nuestra historia de vida).

Cuando nos damos a la tarea de escribir todo lo que sabemos de nuestra vida, estamos haciendo una *autobiografía*.

La autobiografía se caracteriza por ser una *narración cronológica*; en ella se utiliza, además, la descripción, en tanto que las funciones del lenguaje que más se usan son la referencial y la emotiva, principalmente. *Ejemplo:*

> Nací en la ciudad de México, en medio de gran alborozo, pues sería el segundo miembro de la familia, todos esperaban un varón y yo hacía realidad ese sueño.
>
> Sé por referencias muy exactas, que mi arribo no fue fácil pero que el dolor que causé a mi madre se vio recompensado cuando estuve entre sus brazos. Octubre, el mes de la luna más hermosa, presenció esta maravilla de la naturaleza y de dios.

Diario

Durante la adolescencia (generalmente) se despierta una inquietud en la mayoría de los seres: escribir lo que nos ocurre durante el día todos los días. En la mayoría de los casos, este impulso termina después de muy poco tiempo, pero en otros se convierte en una actividad permanente, dando como resultado un *diario*.

Escribir un diario permite no sólo dejar testimonio de lo que hacemos cada día, también estar en contacto con uno mismo, conocerse mejor y tener un espacio que no se comparte con otros, porque es muy íntimo.

Un diario personal se escribe para sí mismo, no para compartir con los demás, aunque en algunas ocasiones permitamos que salgan a la luz algunas de sus páginas.

Las funciones del lenguaje que se emplean en un diario son la referencial y la emotiva, principalmente, en tanto que los prototipos textuales son la narración y la descripción. *Ejemplo*:

> Octubre 23.
>
> Hoy ha sido un día muy difícil para toda la familia, mi hermana se va de la casa por seis meses; ya había anotado esta fecha, parecía que nunca iba a llegar, pero ya partió y aunque quisimos demostrarle que nos alegra que viva esa nueva experiencia, su ausencia nos duele. Confío en que podamos acostumbrarnos pronto, principalmente mis padres.

Memoria

Es un documento personal cuyo contenido se basa en lo que el autor recuerda de su vida, de los personajes que en ella fueron importantes, de los hechos que influyeron en alguna faceta de su desarrollo; puede referirse sólo a una etapa o a toda la vida; generalmente tiene un orden cronológico.

Las memorias, como más comúnmente se les conoce, tienen como propósito dar a conocer aquien las escribe; en muchas ocasiones, a través de ellas se hace un reconocimiento a los personajes que se mencionan.

El lenguaje utilizado es más formal y usa recursos literarios.

Utiliza los diversos prototipos textuales, aunque principalmente la narración y la descripción, y las funciones del lenguaje a que recurre son la emotiva y la referencial. Su extensión no es determinada, aunque generalmente suelen ser textos muy extensos.
Ejemplo:

Entre los recuerdos que siempre me han acompañado y que marcaron mi vida, está el de mi profesor de sexto de primaria; era él un hombre de amplia y sólida cultura, no me cansaba de escuchar sus clases, sus pláticas, sus recomendaciones. Tenía la explicación exacta a todas nuestras dudas, nunca se negó a escucharnos, probablemente veía yo en él al padre que nunca conocí.

Cuaderno de viaje

Cuaderno de viaje

"Viajar es marcharse de casa,
es dejar a los amigos,
es intentar volar,
volar conociendo otras ramas,
recorriendo caminos,
es intentar cambiar.
[...]
Viajar es sentirse poeta,
escribir una carta,
abrazar al llegar a la puerta
añorando la calma,
es dejarse besar.
[...]

Gabriel García Márquez

Los viajes son lo que expresa Gabriel García Márquez y mucho más. Cada persona que ha viajado tendrá algo que agregar a lo que ya se mencionó; un viaje nos proporciona gran cúmulo de información, nos hace ver la vida con nuevas expectativas y nos alienta a marcarnos nuevas metas.

Cuando viajamos, se agudizan nuestros sentidos, nos volvemos más observadores, analizamos los hechos y somos capaces de encontrar más áreas de mejora en nuestra vida.

Si de manera general los viajes ilustran, utilizar un recurso como el cuaderno de viaje nos permitirá reflexionar de manera más precisa sobre lo que vamos conociendo. Pero... ¿qué es el cuaderno de viaje?

Es un cuaderno en donde se escribe todo aquello que sucede durante un viaje; se usa, generalmente, cuando realizamos ese viaje por primera vez con la finalidad de recordarlo siempre.

Incluye información en orden cronológico, puesto que se inicia desde el momento de salida y concluye al finalizar el viaje.

La extensión dependerá de la duración del viaje y de la frecuencia con que se usen las descripciones, la cuales, junto con la narración, son los prototipos textuales que se emplean para escribir. La función referencial es la que utiliza en estos textos. *Ejemplo:*

Abril 27.

Muy temprano abordamos el tren que nos llevaría a Nagano. En absoluto orden cada pasajero ocupó un lugar; el conductor se cercioró, con una lista en mano, de que ningún pasajero se hubiese quedado; una vez terminada esta supervisión, la aventura dio inicio. Los paisajes que a partir de ese momento empezamos a observar nos dejaban sorprendidos. Las casas, ya de por sí novedosas en su apariencia misteriosa —diría yo—, se encontraban en perfecta armonía con la naturaleza, que, está de más decirlo, era abundante en vegetación, colorida y variada en especies; ahí pudimos entender lo que era arquitectura del paisaje; formas, tamaños, texturas y colores hacían un todo perfecto; en fin, era un panorama único.

Después de tres horas y de extasiarnos la pupila con cada encuentro, llegamos a nuestro destino, la ciudad de Nagano, que en esa fecha celebraba la fiesta de las flores, y creció nuestra admiración. Las calles estaban convertidas en un tapete inmenso de pétalos de todos tamaños y colores; las casas, ubicadas a lo largo de las calles, habían adornado sus entradas de maneras diversas, muy hermosas todas ellas.

- Elabora un *cuadro organizativo* de los diversos textos personales históricos trabajados en esta sesión.

Texto	Tipo	Justificación
1		
2		
3		
4		

- Redacta tu autobiografía en hojas blancas. Cuida la ortografía y los signos de puntuación.
- Recuerda el proceso de escritura que trabajaste en el bloque II y apégate a él.
- Lee el texto a tus compañeros.
- Comenta la experiencia que te produjo la actividad.
- Te sugerimos iniciar tu diario.

1. ¿Por qué este tipo de textos reciben el nombre de textos históricos?
2. ¿En cuál de los diversos estilos mencionados te gustaría escribir para que conozcan tus vivencias las generaciones posteriores? ¿Por qué?
3. ¿Qué valor le das a la memoria?

6.2 Conoce los textos familiares

Anécdota

A lo largo de nuestra vida hemos pasado situaciones que al recordar nos provocan una sonrisa, enojo y en ocasiones pena, como si las estuviésemos viviendo de nuevo. ¿Recuerdas un hecho así? *Ejemplo:*

Tenía diez años aproximadamente; mi mamá me había enviado a comprar las tortillas. Hacía calor, todo iba bien; ya venía de regreso cuando de pronto apareció él... No me dejaba pasar, me pedía un beso y como no se lo quise dar, que se agacha y que le da una tremenda mordida al paquete de tortillas que llevaba con mucho cuidado entre mis manos. Se fue sin decir palabra, sin más ni más... Yo no sabía qué hacer, pues ya no llevaba dinero y en la casa esperaban las tortillas.

Sin duda alguna te has enfrentado a miles de situaciones inesperadas, algunas tristes y otras chuscas, que quedaron en tu memoria. Sabes, esas experiencias se llaman *anécdotas*.

En las anécdotas el lenguaje empleado es cotidiano; las funciones del lenguaje presentes, son la *emotiva*, la *referencial* y la *apelativa*, principalmente.

- De acuerdo con los elementos del *proceso de la comunicación*, ¿qué nombre recibe el que envía un mensaje?

  ____

- ¿Y el que recibió el mensaje?

  ____

- La carta, ¿qué parte del proceso de la comunicación representa?

  ____

- Lee el siguiente texto y anota qué función del lenguaje se utiliza en él.

Muy querida Ana Luisa: ¿Cómo estás? ¿Por qué no me escribiste? Te extraño mucho, me haces mucha falta. Regresa pronto. Necesito verte. Recibe muchos besos con todo mi amor.

José Emilio Pacheco. *El principio del placer*,
México, Era, 1972, pp. 22-23.

____

____

¿Qué edad, estudios y nivel social crees que tenga la persona que lo escribió? ¿En qué te basaste para dar tu respuesta?

____

____

¿Qué tipo de texto es? ¿Por qué?

____

¿Será lo mismo recado que carta? Escribe tres razones que justifiquen tu respuesta.

____

____

____

Lee el siguiente texto.

S. Luis Potosí, marzo 29 de 1867.

Srita. Antonia Revilla Chihuahua.

Mi muy querida Antoñita:

Anteayer tuve la satisfacción de recibir la cartita de V. del 9, y esta noche la del 16.

Ya expliqué a Manuelita cómo me han ocupado ahora toda la noche. Sólo puedo mal escribir a V. unos renglones. Sabe V. cuánto la quiero, y que me sobra voluntad.

Celebro mucho los alivios de su papá de V. y de su mamá. Salúdelos V. muy afectuosamente.

Lo mismo a Luisita, su hermano Bernardo, Tula y Nicolás. Y Rómulo.

En el periódico va el último parte de Escobedo. No hay nada nuevo.

Hasta el lunes, Antoñita. Sabe V. que soy su muy afectuoso amigo.

Sebastián.

P.D. Espero impaciente su respuesta.

José Fuentes Mares. *Don Sebastián Lerdo de Tejada y el amor*, México, Fondo de Cultura Económica, 1972, p. 80.

Escribe las características que indican que el texto es una carta.

____

____

Lee la siguiente información para que confirmes tus respuestas o, en su caso, las corrijas.

Carta

"Cuando recibas esta carta sin razón, Ufemia,
Ya sabrás que entre nosotros todo terminó..."
Canción popular

Carta desintegrada

Necesito encontrarte,
a ti que apenas me conoces;
dirigirte mi anónimo mensaje
al sitio exacto
[...]
escribirte
a cualquier dirección
donde tu prisa un instante repose
y descubras de pronto
el vuelo de las golondrinas
rumbo al estadio de la primavera.

Sí, verdaderamente te amo,
A ti que eres la síntesis
de las briznas que la emoción convoca;
a ti te escribo,
a ti, que eres el aliciente
de la absurda embriaguez de mi poesía.
No importa que esta carta de amor
se desintegre,
que no llegue jamás a tu ribera,
que vivas muchos años
sin saber que una magia inesperada
me hizo vibrara con tu presencia efímera,
con tu estela de sueño inexistente.

Margarita Paz Paredes. *Litoral del tiempo*, México,
SEP (Lecturas Mexicanas, 58), 1986, pp. 160-162.

Carta del más allá

No puedo ahora utilizar palabras hechas a la medida humana para explicar lo que está más allá de lo humano. Los hombres han inventado una palabra límite, inefable, para expresar lo que no se puede esclarecer con palabras: lo que es indecible. Ello me obliga a hablar aquí por aproximación, apoyándome en metáforas o perífrasis y usando vocablos imprecisos.

[...]

A veces, el mortal, al despertar, comenta: "Esta noche he soñado con mi madre o con aquel amigo que murió hace años."

E ignoran que eso que llaman sueño ha sido una convivencia efectiva entre el alma del muerto y el espíritu del que dormía. Son visitas gratuitas, sin un fin determinado. Se va a ver a quien se quiere, por el placer del encuentro. Y el amor, cuando pertenece al espíritu, se prolonga indefinidamente después de la muerte. En eso que los hombres llaman el más allá, los que se quisieron en la tierra se continuarán amando siempre.

A veces el espíritu del muerto acude al sueño del viviente con una intención en específica: confortarle o transmitirle un mensaje.

Torcuato Luca de Tena. *Carta del más allá,*
Andrés Bello, Barcelona, 1978, pp. 13, 193, 194

Si fuera papel volara, si fuera tinta escribiera,
Y si yo fuera estampilla, en ese sobre me fuera.

Dicho popular

Los anteriores son sólo algunos ejemplos en donde esposible ver que, desde siempre, la carta ha tenido una relevante presencia en la vida del hombre y que ha transmitido los más diversos mensajes y sentimientos: amor, despecho, compromiso, afecto, nostalgia, reclamos y mucho más; pero siempre cumpliendo con su función principal, la de comunicar.

Pero, ¿qué es la carta? Es un documento que consta de un texto y un sobre en el que se enviará.

Una carta tiene como propósito poner en contacto con alguna persona, por lo que cuando se escribe se debe ver que por sí misma sea clara y precisa, ya que cuando sea leída el emisor no podrá evitar que conozcan sus pensamientos y mucho menos aclarar alguna expresión; las palabras permanecerán tal como decidió presentarlas.

Las funciones del lenguaje que utiliza la carta son primordialmente la *emotiva*, la *referencial* y la *apelativa*.

La carta puede ser de diversos tipos, aunque nos ocuparemos sólo de la carta familiar.

Tiene una estructura establecida que aquí esquematizamos.

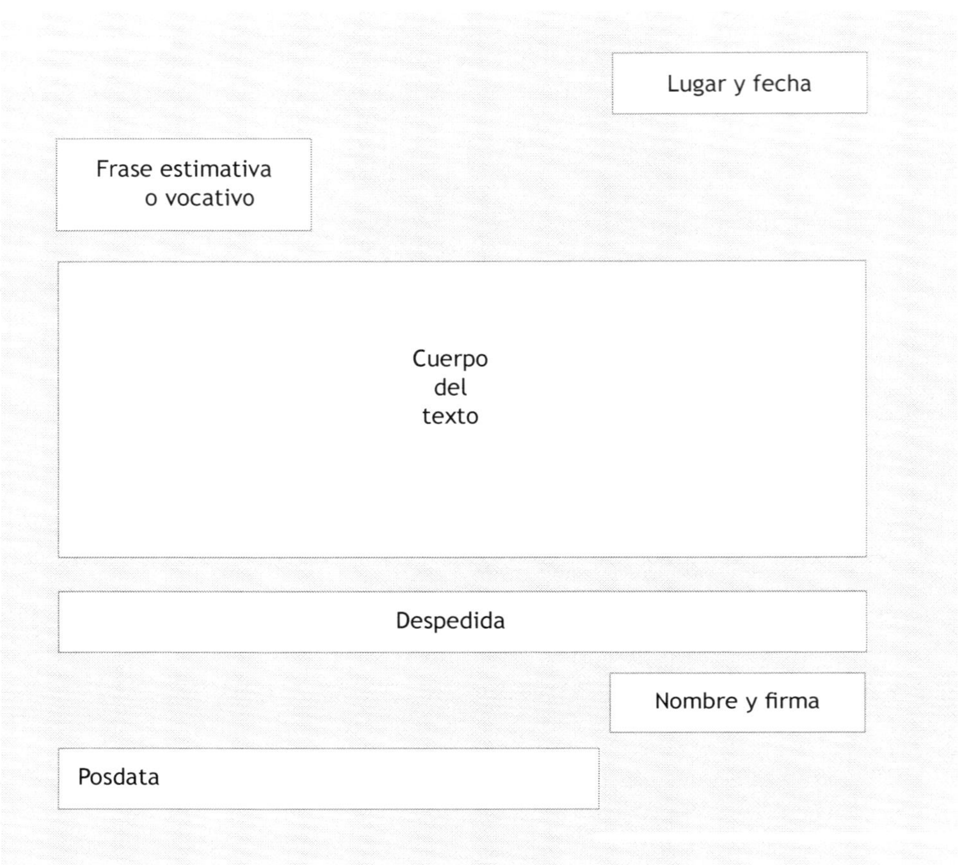

Como te darás cuenta, en realidad es muy sencilla de redactar, pero los que mencionaremos son aspectos importantes que no hay que olvidar cuando escribamos una carta familiar.

La *fecha* debe incluir lugar, día y año.

El *vocativo* se refiere a una expresión que establece la relación que se mantiene con la persona a quien va dirigida. *Ejemplos:*

a) Querida mamá:
b) Apreciable sobrino:
c) Amada hija:

El *cuerpo del texto* es todo aquello que deseamos expresar; éste generalmente inicia con un buen deseo al que le siguen recomendaciones, experiencias, peticiones y preguntas. Es la parte más extensa.

La *despedida*, como su nombre lo indica, nos permite expresar nuestras últimas recomendaciones, así como enviar saludos y mensajes breves a personas con quienes consideramos mantenemos una relación estrecha.

En seguida escribimos nuestro *nombre* o *firma*, según consideremos necesario; si es sólo el nombre, también puede ir acompañado de una frase como:

a) Te quiere, tu mamá.
b) Los extraña, Pati.
c) Te recuerda siempre, tu hija.

Posdata, una palabra que significa "posterior a la fecha", en la carta se refiere a ideas que no mencionamos en el texto, pues ya dimos fin a nuestro documento y ya firmamos, pero no queremos omitirlas.

Ejemplos:

a) P.D. Envíenme la fotografía del nuevo miembro de la familia.
b) Posdata. Olvidé mencionarles que ya estamos organizando la fiesta de clausura; les enviaré la invitación.

Recado

Angélica:

Sé que mañana es tu cumpleaños, así que te invito a comer a mi casa; si tienes otros planes, avísame.

Alejandra

Algunas veces has recibido textos como el que acabas de leer, ¿no es cierto? Nos referimos a la informalidad con que está escrito, pues no tiene fecha, los nombres no llevan sus apellidos y no sabemos en qué lugar se encuentran; en fin, aislado del contexto en el que fue escrito y enviado, no tiene mucho sentido. Sin embargo sabemos que sí son efectivos tales mensajes, porque se envían estando relativamente el emisor y el destinatario, quienes en muchas ocasiones incluso se pueden estar mirando; el papel generalmente es improvisado: un trozo será suficiente para lograr el propósito.

Los conoces muy bien, ¿verdad? pues los has enviado o recibido, incluso... en plena clase.

A veces vamos a visitar a algún amigo sin haberle avisado, por lo que al llegar a su casa y tocar nos percatamos de que no se encuentra nadie y queremos informarle que estuvimos allí; entonces recurrimos a servilletas o pañuelos de papel, el boleto del transporte, la etiqueta de algo que acabamos de adquirir; lo importante es contar con algo en donde escribir y así lo hacemos; lo anterior, nos demuestra que los mensajes son breves y sin estructura establecida.

Sí, estamos hablando de los *recados*.

Carta

- Elabora una carta tomando en cuenta los aspectos que ya te explicamos
- Compártela con algún compañero y que él haga lo propio contigo; coevalúense.
- Lee el siguiente texto.

Querido Jorge: Perdóname que no te alla escrito pero es que no e tenido tiempo pues han habido muchos problemas y no me dejan un minuto sola. Fijate que ora que llegamos mi tia le contó todo a mi papá de que salía yo sola contigo y nos abrasabamos y besavanos en el malecón y enfin quien sabe cuanta cosa le dijo.

Luego que mi tia se fué mi papá me llamo y me dijo lo que ella le abia dicho y yo le dige que no era cierto, que saliamos pero con tus hermanas. Bueno, no te creas que lo crelló.

Jórge los dias se me asen siglos sin verte, a cada rato pienso en ti, en las noches me acuésto pensando en ti, quiciera tenerte siempre junto a mi, pero ni modo que le vamos a ser.

Jórge apurate en tus clases haber si es posible que vengas a Jalapa porque lo que es yo a Veracruz quien sabe asta cuando valla.

Bueno querido Jórge, Saludes a la Nena y a marycarmen, a tu mamá y a tu papá tan bien y muy especialmente a Duran y a su nobia.

No vallas a mandarme cartas a esta direcsión, si quieres escribirme aslo a lista de correos Jalapa Veracruz a nombre de Luisa Berrocal, me entregan la carta porque tengo una credencial con ese nombre.

Buéno, a Dios Jórge, recibe muchos besos de la que te quiere y no te puede olvidar

Ana Luisa

José Emilio Pacheco. *El principio del placer*, México, Era, 1972, pp. 22-23.

- ¿A qué tipo de texto corresponde? ________________

- ¿Qué partes de la estructura conocida y sugerida no contiene?

____

- ¿Cuál de las tres propiedades que debe tener un texto de calidad fue la que más se descuidó?

____

- Trabaja en equipo y corrige el párrafo que te asigne tu profesor. Aplica tus conocimientos de adecuación, coherencia y cohesión.

- Agrega los elementos que le faltan.

____

- Registra tus errores en el siguiente cuadro

Propiedades de los textos	Error detectado	Explicación del problema
Adecuación		
Coherencia		
Cohesión		

1. ¿Consideras anacrónico el uso de la carta? ¿Por qué?
2. ¿Habrá otra forma de comunicación escrita que supere a la carta en emotividad y confidencialidad?
3. ¿Qué características hacen singular a la carta?

Correo electrónico

En la era moderna existe un recurso que nos facilita la comunicación, aunque no todos lo empleamos, pues mientras tu generación nació en el momento cuando surge el medio y crecen con él, personas de generaciones anteriores lo vimos nacer y propagarse vertiginosamente, sin darnos oportunidad de asimilar su presencia. Hablamos del correo electrónico, así como de los mensajes que a través de él enviamos y recibimos.

Se dijo en la primera unidad que el correo electrónico es un vehículo o medio de comunicación eficaz, el cual conecta al usuario con la red mundial (Internet) a la que es posible enlazar todas las computadoras. Por este medio enviamos y recibimos mensajes.

También se explicó el proceso para llevar a cabo tal comunicación. Si tienes dudas, consulta la primera unidad.

- Construye un *mapa de cajas* con la información obtenida de los textos familiares.

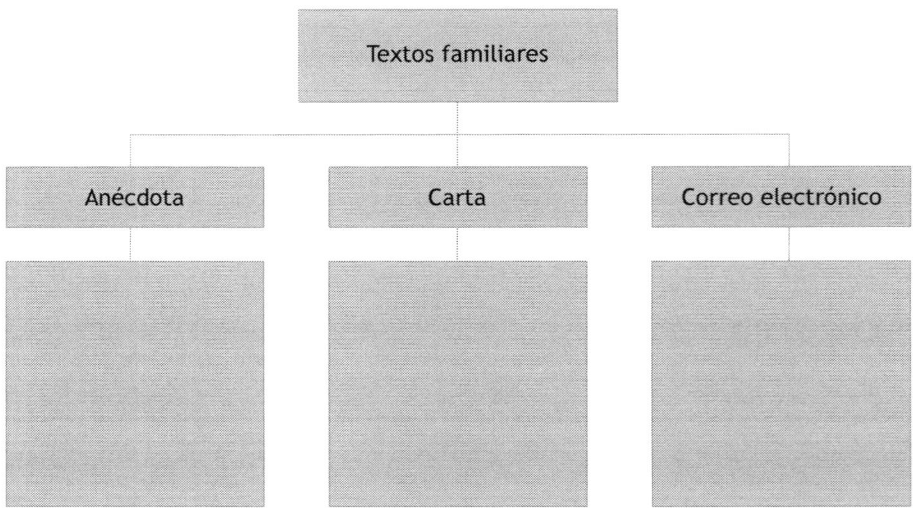

Para concluir, te presentamos el siguiente cuadro comparativo.

Textos personales	Tipo	Funciones de la lengua predominantes
Anécdota	Familiar	Referencial, emotiva y apelativa.
Carta	Familiar	Emotiva, referencial y apelativa.
Mensaje electrónico	Familiar	Referencial, apelativa y emotiva.
Semejanzas: Los tres textos son personales, de tipo familiar, emplean las mismas funciones de la lengua; dirigidos principalmente a personas conocidas con las que se mantiene una relación y comunicación estrecha.		
Diferencias: En la anécdota el tono es chusco a pesar de tratar asuntos serios, penosos o tristes. La carta adquiere un tono más serio. El mensaje electrónico puede asumir ambos.		
Conclusión: Conocer las características de los textos familiares nos permite elegir mejor cuál usar y en qué momento, así como poner en práctica las diferentes funciones de la lengua. Las funciones de la lengua no se dan de manera aislada, sino simultánea, más de una.		

6.3 Conoce los textos escolares

¿Qué significan las siguientes palabras?

Agenda ....

Bitácora ....

Relaciona los tipos de textos con sus características y los ejemplos que se enumeran abajo; anota en la columna el número y la letra correspondientes.

Tipo de texto	Características	Ejemplo
Memoria		
Anécdota		
Autobiografía		

1. Narra la vida del autor desde el nacimiento hasta el momento en que escribe.
2. Es un mensaje vía Internet.
3. Por ella se reconoce a personajes que influyeron en la vida de quien escribe.
4. Es un pasaje de la vida de una persona que deja un importante recuerdo.
5. Generalmente, contiene acontecimientos graciosos.
6. Se refiere sólo a determinados aspectos de la vida.
7. Es la historia de la vida de una persona, escrita por ella misma.

a) Fue en un día de campo, a la hora de la comida despreocupadamente empiné un refresco de esos oscuros (de cola) y al instante lo retiré de mí boca... Acababa de recibir un tremendo piquete en el labio superior; al revisar, descubrí que una avispa se había introducido en ella y al contacto, me había picado; pero lo peor estaba por venir; en muy pocas horas mi labio se encontraba tan inflamado, que fue necesario que el doctor me diera una licencia médica por tres días.

b) Era el mes florido de mayo cuando abrí mis ojos a la luz, ojos de capulín, según dicen mis padres.

c) Su rigor y su inteligencia ayudaron a que la familia, constituida tan sólo por mujeres, no zozobrara; a veces pienso que sacrificó sus aspiraciones para que yo fuera lo que hoy soy. No era la mayor, pero sí la hermana que más influyó en mí.

- Con la información que obtuviste y con la que te proporcionamos podrás construir el nuevo conocimiento.

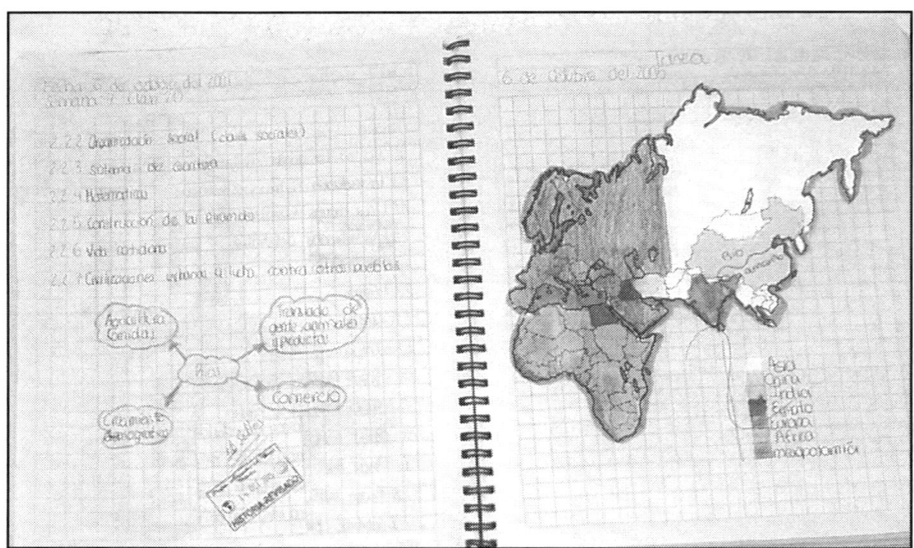

Figura 6.1

Agenda

La *agenda* es una herramienta muy utilizada en la actualidad; se presenta como un cuaderno tradicional, aunque varía su tamaño (va desde la de tamaño bolsillo hasta la electrónica). Cualquiera que sea su presentación, se distinguen porque contienen las fechas y los días de todo un año; para cada día, y en ocasiones para cada hora, hay un espacio que nos permite registrar las actividades que vamos a realizar en esa fecha y esa hora, los detalles o datos que no queremos olvidar como los cumpleaños, las reuniones, las entrevistas, las citas, las tareas y otros.

La función de la lengua que se usa es la *referencial* en tanto que el prototipo textual es la *descripción*.

Bitácora

La *bitácora* consiste en la descripción completa y detallada de todas las actividades, un trabajo, un proyecto, un juicio, un curso y otros.

En este caso, lo que se registra son las acciones que se llevan a cabo de manera cronológica.

Podemos, por ejemplo, llevar una bitácora del curso de cualquier asignatura, donde anotaremos lo sucedido en cada clase; al terminar el semestre, eso nos permitirá saber qué se hizo, qué temas se trabajaron, qué ejercicios hicimos, qué libros se leyeron, qué actividades se pusieron en marcha para un mayor aprovechamiento, la metodología empleada y si se llevó puntualmente; todo lo anterior, en un análisis comparativo con los resultados finales obtenidos, puede indicarnos lo que concluimos bien y en qué fallamos o quiénes fallaron.

De todo lo que anotemos en la bitácora, debemos guardar *evidencias*.

Date cuenta entonces de que la bitácora tiene una gran importancia, entre otras ocupaciones, en la vida profesional.

La función de la lengua que se emplea es la *referencial*, en tanto que los prototipos textuales utilizados son la *narración* y la *descripción*.

Apuntes de clase

Estos textos son los más familiares para ti, pues desde hace varios años los elaboras cotidianamente. En realidad, llamamos apuntes de clase a todas las anotaciones que hacemos durante una clase, con respecto al tema que se trate y que después serán de utilidad para recordar las ideas expuestas y prepararnos para un examen.

Hace algunos años, los apuntes los "dictaba" el profesor, pues era él quien tenía la última palabra sobre el tema; en la actualidad, es el alumno quien después de leer, investigar, experimentar y realizar muchas otras actividades llega a la construcción del conocimiento, luego de lo cual decide lo que escribirá; en consecuencia, el profesor se convierte tan sólo en mediador, es decir, hace observaciones, guía, indica lo que está bien y corrige errores; asimismo, ayuda para que todos sus alumnos logren asimilar el nuevo conocimiento.

Contienen datos, información sobre algo (referente), por lo que es posible afirmar que la función de la lengua que se utiliza es la *referencial*.

Se escriben generalmente en cuadernos, de los que casi siempre es uno para cada asignatura.

La estructura de los apuntes de clase es variable, ya que se cuenta con estrategias como el cuadro sinóptico, los mapas mentales, los cuadros organizativos, los cuadros comparativos y otras que te hemos presentado a lo largo del libro.

El lenguaje que se emplea es principalmente el propio de cada asignatura, pero en muchas ocasiones se emplean símbolos y abreviaturas que, de manera personal, facilitan la comprensión de lo que escribimos.

Cuaderno de trabajo

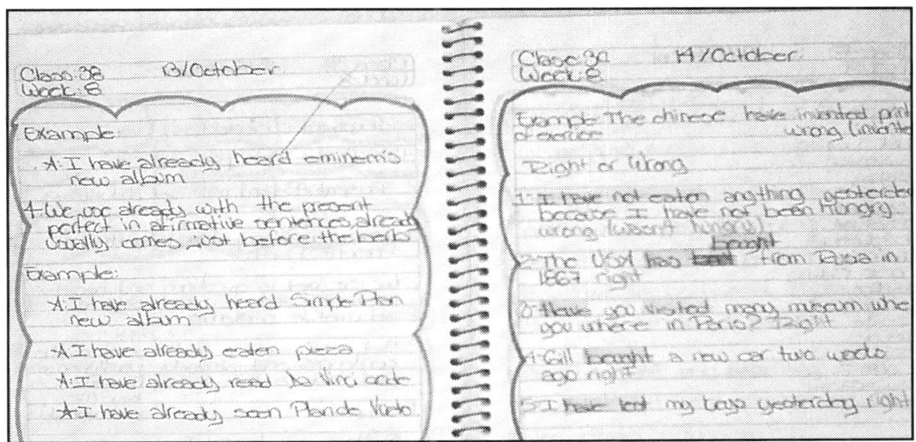

Figura 6.2

En todas las asignaturas utilizas un cuaderno: el de *trabajo*, en el cual plasmas tus apuntes, y en el que resuelves ejercicios y problemas; o bien en el que elaboras textos que te solicita tu profesor, realizas esquemas y todo aquello que tiene que ver con el trabajo escolar.

La función de la lengua que utilizamos en él es *referencial*, en tanto que los prototipos textuales más comunes son la *narración* y la *descripción*, aunque en ocasiones se utiliza el *diálogo*.

- En la primera parte del siguiente *cuadro comparativo* menciona las características de los textos personales.

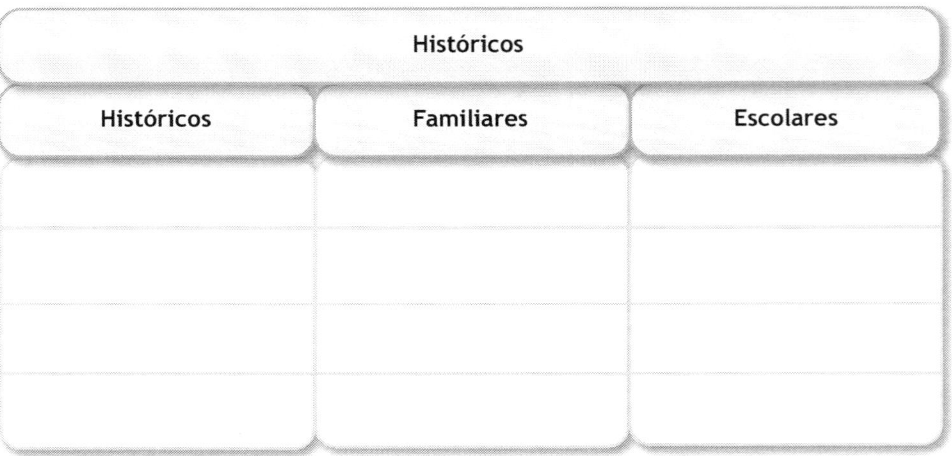

Históricos		
Históricos	Familiares	Escolares

- Considerando la información adquirida, establece semejanzas, diferencias y conclusiones de las características de los textos personales (registra tus respuestas en el espacio de abajo.)

Semejanzas:
Diferencias:
Conclusión

- Fotocopia lo siguiente: un apunte de algún compañero, un día de la agenda de tu papá y una página del cuaderno de trabajo de Matemáticas, luego consulta la bitácora del laboratorio de Biología.
- Elabora tu reporte en hojas blancas; agrega en cada caso un análisis del texto y características que presenta; culmina con un comentario personal.
- Te sugerimos llevar una agenda personal. Al finalizar el semestre, haz un análisis de lo útil que te fue.

1. ¿Qué importancia tiene conocer las características de los textos personales?
2. ¿Cuáles textos son aplicables en tu vida cotidiana?

Actividades de cierre

1. En el siguiente cuadro comparativo, señala las características estructurales de cada uno de los textos personales.

Tipos de textos	Definición	Características	Función	Ejemplos
Textos personales				
Textos históricos				
Textos familiares				
Textos escolares				

2. Analiza el siguiente texto que se te presenta y escribe el tipo de texto al que pertenece, así como sus características internas y externas,

El paso, septiembre 21 de 1865

Sra. Margarita Maza de Juárez
Mi estimada Margarita:

Te escribí en el correo último manifestándote el gran pesar que me ha causado la muerte de nuestro querido Antoñito. Como debes suponer, mi corazón está destrozado con golpes tan rudos como los que hemos recibido con tan duras pruebas y no nos dejamos abatir, porque nos quedan aún hijos que necesitan de nuestra protección y serenidad, así que no procures aburrirte, pero procura distraerte y que te cuides para que puedas estar en posibilidad de cuidar a nuestra familia. No tengas cuidado por mí. Estoy con buena salud. Si les prueba bien este temperamento no vuelvan a Nueva York hasta que varíe la estación de calor.

Dales muchos abrazos a las muchachas y a Beno, y recibe el corazón de tu esposo, que no te olvida.

Benito Juárez

Gloria Lagunes de Seguí. "Carta de Juárez a su esposa", en *24 cartas célebres.* Selección de epístolas de la Edad Media al siglo xx. México, PEPSA, 1974, p.84.

____

____

____

____

____

3. Reelabora el texto que realizaste en la actividad de inicio utilizando los elementos estructurales que aprendiste durante el bloque así como al tipo de texto personal al que pertenece y entrégala al docente junto con la primera que redactaste.

Lista de cotejo para evaluar los textos personales.

Atributos	Sí	No
1. ¿En el escrito que realizaste identificaste al tipo de texto personal al que pertenece?		
2. ¿El texto que redactaste tiene precisión, adecuación y coherencia?		
3. ¿Destacaste las características de los textos personales?		
4. ¿Identificaste las funciones de la lengua que predominan en cada uno de los tipos de textos personales?		
5. ¿Lo aprendido en el bloque favoreció a la reelaboración de tu segundo escrito?		

Metacognición

1. ¿Cuando redactaste los textos personales utilizaste su estructura y sus funciones? Justifícalo.

2. ¿Promoviste la creatividad y diste opiniones propias al redactar textos? Justifícalo.

3. ¿Distinguiste las características internas y externas de los diferentes tipos de textos personales? Justifícalo.

Nota: Se sugiere buscar en el disco de *Biografías de Mexicanos Ilustres* de Cristal Multimedia para el tema de textos históricos.

Bloque VII

USO DEL LÉXICO Y LA SEMÁNTICA

- Reconoce el uso de los signos de puntuación: coma, punto y coma, así como punto.
- Conoce y comprende las reglas ortográficas para el uso de la grafías: G, J y H.
- Analiza las reglas correspondientes para el uso de homófonos: G, J y H.

Bloque VII

Uso del léxico y la semántica

Unidad de competencia

Aplica las reglas de los signos de puntuación en la redacción y lectura de diversos tipos de textos, empleando textos relacionados con su vida personal, familiar, escolar, cultural y social.

Atributos de las competencias genéricas

1.6 Administra los recursos disponibles teniendo en cuenta las restricciones para el logro de sus metas.

4.1 Expresa ideas y conceptos mediante representaciones lingüísticas, matemáticas o gráficas.

5.1 Sigue instrucciones y procedimientos de manera reflexiva, comprendiendo cómo cada uno de sus pasos contribuye al alcance de un objetivo.

6.4 Estructura ideas y argumentos de manera clara, coherente y sintética.

7.1 Define metas y da seguimiento a sus procesos de construcción de conocimiento.

7.2 Identifica las actividades que le resulten de mayor y menor interés y dificultad, reconociendo y controlando sus reacciones frente a retos y obstáculos.

8.3 Asume una actitud constructiva, congruente con los conocimientos y habilidades con los que cuenta dentro de distintos equipos de trabajo.

Actividad de inicio

En el estado de Sinaloa se declaró 2009 como el año del testamento. Con el fin de concientizar a la población sobre la actitud de especificar legalmente a quiénes dejaremos nuestros bienes, se invita a la ciudadanía a solicitar los servicios de un notario público para que redacte el testamento. Y como Don Facundo Fonseca estaba para morir, pidió que se redactara su legado para sus familiares. Éste quedó así:

Yo dejo mis bienes a mi hijo, no a mi sobrino tampoco nunca se pagará la cuenta del sastre, no dejo mis bienes a mi esposa no a mi cuñado. Que mis deseos sean órdenes.

Facundo Fonseca

A su hijo, sobrino, al sastre, a su esposa y a su cuñado se les dio una copia de este testamento. Por fin se murió Don Facundo Fonseca. Cada persona se presentó con la copia del testamento ante el juez.

Tomado de www.scribd.com/doc/5432567/importancia

1. ¿Qué notaste en la redacción del testamento?

2. ¿El testamento que redactó el notario fue claro? ¿Por qué?

3. ¿Esa falta de claridad pudiera generar problemas legales? Justifícalo.

4. Reelabora el testamento y coloca los signos de puntuación favoreciendo al heredero de tu preferencia.

7.1 Reconoce el uso de los signos de puntuación

- Veamos ahora qué tanto recuerdas del tema sobre los "Signos de puntuación".
- En un *mapa cognitivo de nubes*, anota cuáles son los signos de puntuación.
- Anota su nombre y uso (al menos uno).

- Lee el texto siguiente.

¿Quién fue?

En el crudo invierno de 1969, un 30 de enero para ser más exactos, falleció el empresario Régulo Cattanzaro, principal accionista de la firma "Tómatelo", en circunstancias sospechosas: fue muerto con un abrelatas. Nada en la próspera carrera del exitoso hombre de empresa hacía sospechar un suicidio. La investigación policial condujo las pistas, en primer lugar, hacia su viuda y principal heredera, Raquel Sforza, quien, según versiones de su suegra, en más de una oportunidad había amenazado con deshacerse del occiso "triturándolo". Esta versión fue desmentida calurosamente por el mayordomo Gastón, quien según la servidumbre de la casa, estaría secretamente enamorado de Raquel Sforza y, no bien fue hallado el cadáver de su señor, había murmurado: "Yo le advertí que no siguiera insultando". Ante estas declaraciones del personal de servicio, se procedió a interrogar al mayordomo, quien derivó la investigación hacia los socios de Cattanzaro en "Tómatelo", quienes de ser cierta la versión del criado tenían serias diferencias con el difunto por su forma autoritaria de conducir la empresa de jugo de tomate en lata.

Veinticinco años después, el juez a cargo de la causa dejó sobre el escritorio de su secretario la siguiente nota, para que éste redactara el fallo:

> *Si declarare culpable a la viuda de Cattanzaro Raquel Sforza no sería una decisión acertada responsabilizar al mayordomo de la casa en el crimen. No estarían implicados los socios del occiso en el negocio, si estoy en lo cierto.*

Maité Alvarado. En Miguel Ángel Hernández,
Manual para el fomento de la comprensión de textos. Un enfoque didáctico,
México, Secretaría de Educación Pública, 2000, pp. 28 y 29.

- Contesta en forma individual: ¿quién fue el asesino? Fundamenta tu respuesta.
- Intégrate en un equipo de cuatro elementos y comenta las respuestas con tus compañeros.
- ¿Todos tus compañeros coincidieron en la respuesta? ¿Por qué?
- ¿Qué recomiendas para evitar confusiones en la comprensión de los mensajes escritos?

- Ya descubriste que hay problemas cuando, al escribir, no empleamos signos de puntuación, así que te invitamos a leer el siguiente texto, el cual te permitirá recordar algunas reglas.
- Subraya en cada caso las ideas principales y comenta en binas la importancia de su uso.
- Lee el siguiente texto.

Metro sexual o super hombre

La palabra "metrosexual" aún no aparece en el diccionario de la Real Academia de la Lengua, pero sí ya hasta canción existe para ellos. Pero entonces, ¿quién creó el término?, ¿qué es ser metrosexual?, ¿quiénes son los metrosexuales?

Todo inició en 1994 cuando el periodista británico Mark Simpson creó la palabra metrosexual_ derivada de metrópolis y sexo, para referirse a los hombres que viven en grandes metrópolis que cuidan su cuerpo_ imagen y hasta el bienestar del alma_

Hasta hace unos años, este tipo de hombre hubiera sido calificado como homosexual o gay_ sin embargo, hoy en día resulta frecuente ver a hombres con cejas depiladas_ labios hidratados_ uñas sin padrastros_ pieles firmes, hidratadas y tersas.

Era común hablar sobre lo maltratado que los hombres en general solían tener los pies_ pero ahora_ ellos también acuden a hacerse el pedicure_ masajear sus pies_ e increíblemente_ no tienen callos_

En ocasiones, algunos jóvenes o señores, optan por retirar el vello que cubre todo su cuerpo, con el fin de verse más estéticos_ cuidan su cabello tanto o más que las mujeres, hasta utilizan tratamientos capilares_ _ _

Estos hombres tan celosos de su apariencia física, son los llamados metrosexuales.

El hombre de hoy es capaz de acudir a la misma estética, clínica de belleza o spa que su novia o esposa, ya no siente aberración por ello ni le causa un conflicto de "virilidad", como hace una década...

Ana Elisa Jiménez, *100% natural restaurantes*, núm. 12, Editores Radar, Artículo 32, México.

- Como te diste cuenta, fueron suprimidos algunos signos de puntuación; es el momento de demostrar tus conocimientos y habilidades respecto al tema. Aplícalos, completando en la lectura. Anota sobre cada guión los signos de puntuación faltantes y evalúate.
- Te presentamos un texto más, trabaja de la misma manera.

Artritis reumatoide ataca a los jóvenes

Siempre se ha creído que la artritis reumatoide es un padecimiento de personas mayores o de la tercera edad_ sin embargo_ este padecimiento puede presentarse en niños y jóvenes, aunque es más frecuente en individuos a partir de los treinta y cinco años de edad_

Esta enfermedad sistemática se caracteriza por la inflamación crónica de las articulaciones sinoviales y la degeneración progresiva de las mismas dando lugar a la pérdida de movimiento y a la deformidad con el paso del tiempo.

El criterio establece que si la artritis reumatoide empieza antes de los dieciséis años se llama poliartritis crónica juvenil y después de esta edad se denomina artritis reumatoide del adulto_

La poliartritis crónica juvenil engloba varias enfermedades que pueden tener diferentes manifestaciones e inflamación en distintas articulaciones.

Hasta el momento no se conocen las causas del padecimiento ni en los niños ni en los adultos_ aunque el factor hereditario es determinante_ Sin embargo existen otros factores como los ambientales _virus y bacterias_ que pueden favorecer que una persona susceptible desarrolle la enfermedad.

El diagnóstico precoz de la artritis reumatoide es clave, ya que el tratamiento temprano puede ayudar a prevenir el daño a las articulaciones y la posterior discapacidad.

Según las estadísticas un millón de mexicanos padece artritis reumatoide.

"Diario 21, Jóvenes 5 C" en *Servicios Aini*. México, 28 de mayo de 2009.

- Lee el siguiente texto que sin duda atraerá tu atención.

Personas opuestas realmente se atraen

Cuando se trata de buscar una pareja, los opuestos realmente se atraen, según un estudio brasileño que descubrió que la gente tiende subconscientemente a elegir como compañero a alguien cuyas características genéticas son diferentes a las suyas propias.

La investigación encontró pruebas de que las parejas casadas tienen más posibilidades de tener diferencias genéticas en una región del ADN que gobierna el sistema inmune que las emparejadas de forma aleatoria.

Es probable que esto se deba a una estrategia evolutiva para garantizar una reproducción saludable, porque la variabilidad genética es una ventaja para la descendencia, dijeron María de Graca, Bicalho y sus compañeros de la Universidad de Parana en Brasil.

"Aunque sería tentador pensar que los seres humanos buscan pareja por sus similitudes, nuestra investigación, ha demostrado claramente que son las diferencias las que contribuyen al éxito reproductivo, y que el impulso subconsciente para tener niños sanos es importante cuando se elige a un compañero", dijo Bicalho en un comunicado.

Los científicos dijeron que no estaba claro qué señales atraen al cuerpo a las personas genéticamente diferentes, pero sugirieron que el olor corporal o incluso la estructura de la cara podría desempeñar un papel.

Descubrieron que las parejas verdaderas tenían significativamente más diferencias en el MHC (complejo mayor de histocompatibilidad), que tiene importancia a la hora de tener descendencia sana.

Bicalho, que presentará sus hallazgos en una conferencia de la Sociedad Europea de la Genética Humana en Viena, el 1° de junio de 2009, dijo que el equipo comparó datos genéticos de 90 parejas casadas con datos de 152 parejas control generadas al azar.

"Diario 21, Jóvenes 5 C" en *Servicios Aini*. México, 27 de mayo de 2009.

- Una vez realizada la lectura, redacta (en tu cuaderno) la paráfrasis del texto, utilizando adecuadamente los signos de puntuación.
- Posteriormente evalúenlo en binas (con el más próximo) y bajo la supervisión de su profesor analicen los logros obtenidos.
- Después de evaluar los resultados de los ejercicios, escriban sus experiencias e indiquen qué aprendieron.

Signos de puntuación

La puntuación varía a lo largo del tiempo, así como la sensibilidad del que escribe; sin embargo, hay reglas básicas que es necesario aplicar.

G. Martín Vivaldi, en su libro *Curso de redacción*, nos dice: "Los signos de puntuación son tan precisos como las señales de tráfico en una gran ciudad. Ayudan a caminar y evitan el desorden."

Veamos entonces algunas de las reglas más necesarias en la tarea de escribir.

La coma

Indica una pausa breve en la lectura. Tiene dos usos principales:

1. Separa elementos de una serie, sean palabras, frases u oraciones.
   Ejemplos:

   a) Caminaba con paso firme, enérgico, seguro, sin titubear.
   b) Pronto vendrá a casa, llegará orgulloso de sus triunfos, todos lo estaremos esperando, nada empañará nuestra felicidad.

2. Separa elementos que tienen carácter incidental dentro de una oración, es lo que se conoce como aposición.
   Ejemplos:

   a) Cuernavaca, la ciudad de la eterna primavera, será sede del congreso.
   b) México, la capital, ha sido reconocida como centro de la cultura.
   c) Sor Juana, quien fue excepcional, rompió paradigmas.

3. Se escribe coma cuando se mencionan la ciudad, el estado y el país.
   Ejemplos:

   a) Estaremos en Acapulco, Guerrero, México.
   b) Ciudad Juárez, Chihuahua, México, se ha vuelto noticia.
   c) San Marcos, Aguascalientes, México, es famoso por su feria.

4. La coma se usa también cuando omitimos un verbo para no repetirlo.
   Ejemplos:

   a) Algunos irán en automóvil, otros en avión.
   b) Prepararé un delicioso pastel, un suculento guisado, una pasta exquisita.

5. Se escriben entre comas las expresiones: *además, pues, por consiguiente, no obstante, sin embargo, por otra parte, en fin, esto es, es decir*.
   Ejemplos:

   a) Trabajé mucho esta semana; sin embargo, no terminé la investigación.
   b) Tienes muchas cualidades físicas; además, eres muy inteligente.

Punto y coma

1. Se utiliza para separar oraciones cortas.
   Ejemplo:

   a) Escuché atento lo que decía; medité si tenía razón; concluí que no era convincente; me alejé sin decirle nada.

2. Se utiliza en oraciones muy largas, en las que han empleado ya las comas.
   Ejemplo:

   a) Jugamos futbol, con mis vecinos; fuimos al cine, con mis hermanos; cenamos, con mis padres.

El punto

1. Se coloca cuando se terminó de expresar una idea.
   Ejemplos:

   a) Las vacaciones fueron insuficientes.
   b) Pronto recibiremos la visita de estudiantes de otros países.

2. Separa oraciones que no guardan una relación estrecha entre sí.
   Ejemplos:

   a) Mis amigos y yo fuimos de vacaciones a Guanajuato.
   b) Conocimos lugares muy interesantes. Nunca nos habíamos divertido tanto.

Dos puntos

1. Se usan antes de una enumeración.
   Ejemplo:

   a) Tres son los poetas que más admiro: Borges, Amado Nervo y Jaime Sabines.

2. Antes de una cita textual.
   Ejemplo:

   a) Mis padres dijeron: "Si no eres responsable de tus actos, no serás una persona confiable".

3. Se usan cuando una oración es consecuencia de otra.
   Ejemplo:

   a) No se me puede condenar por lo que he dicho: la verdad lealmente expresada, no puede ser delito.

Puntos suspensivos

1. Indican interrupción en lo que se dice.
   Ejemplo:

   a) Sí, lo quiero mucho, pero...

2. Sustituyen a la expresión etcétera.
   Ejemplo:

   a) Conozco a muchos de sus amigos: Rubén, Arturo, Alejandra, Lorena...

3. Se utilizan cuando se hace una pausa al expresar temor, duda o algo sorprendente.
   Ejemplos:

   a) Abrió la puerta y... ¡Sorpresa! Gritaron todos al unísono.
   b) Sólo espero que... no me deje plantada.

- Con base en las ideas principales que obtuviste, completa el siguiente *cuadro organizativo*.

Signo de puntuación	Reglas	Ejemplos
Punto		
Coma		
Punto y coma		
Dos puntos		
Puntos suspensivos		

- Lee el texto siguiente.

Tres bellas, que bellas son,
me han preguntado las tres,
que diga de ellas cuál es
la que ama mi corazón.

Si obedecer es razón
digo que amo a soledad
no a Julia cuya bondad
persona alguna no tiene
no aspira mi amor a Irene
que no es poca su beldad.

- Intégrate en un equipo de tres integrantes.
- Observa que la segunda estrofa no tiene signos de puntuación.
- Copia la estrofa en los espacios indicados, colocando los signos de puntuación de tal manera que la bella elegida sea la que se te pide.
- Posteriormente, *autoevalúa* tu trabajo.

7.2 Conoce y comprende las reglas correspondientes para el uso de homófonos de *G*, *J* y *H*

- Lee con atención las siguientes reglas ortográficas y completa el cuadro con dos ejemplos en el espacio correspondiente.

Regla	Ejemplos
1. Se escriben con g los verbos terminados en "ger", "gir".	
2. Se escriben con g los verbos terminados en "giar", "gerar".	
3. Se escriben con g las palabras terminadas en "logía".	
4. Se escriben con g las palabras que llevan "geo" y "leg".	
5. Las palabras que tienen la sílaba "gen" se escriben con g.	
6. Las palabras que terminan en "gia" y "gio" se escriben con g.	
7. Se escriben con j las palabras que llevan "ije", "aje" y "eje".	
8. Las palabras terminadas en "jería" se escriben con j.	
9. Se escriben con j los verbos terminados en "jear" y también las conjugaciones de estos verbos.	

Regla	Ejemplos
10. Se escriben con h todas las palabras que empiezan con "hum", "hue", "hui", "hie", "hia".	
11. Las palabras que empiezan con "homo", "hetero", "hexa", "hect", "hepta", "herm" se escriben con h.	
12. Algunas interjecciones se escriben con h, como ¡ah! y ¡bah!	

- Cuando sea necesario, escribe la letra correcta en los espacios correspondientes.

e____ercicio	ob____eto	ele____ir
ale____ría	ad____etivo	____ueco
____orila	vi____ilante	inteli____encia
____ijos	zooló____ico	____abuelo
____enial	____ombros	le____os
____ueves	fu____arse	____ambre
____ritos	____uesos	____árbol
____eometría	fu____itivo	____abilidad

- Corrige la ortografía de las palabras que estén mal escritas en la siguiente lista:

zanaoria __________	majia __________
hautobús __________	huérfano __________
genética __________	jeografía __________
gitomate __________	imaginar __________
jícama __________	pájinas __________
cirugía __________	ueco __________
jarro __________	injerir __________
egecutar __________	mejor __________
jente __________	jermen __________

- Escribe las sílabas *ge*, *gi* o *gue*, *gui*, dependiendo del sonido fuerte o débil que se requiera.

______tarra	se______miento	______latina
______neral	______tana	le______slar
______rra	le______ndario	a______tar
anal______sico	______sado	______santes
______rente	______mnasia	geólo______a
______rrero	le______ble	a______rrido
a______naldo	refri______rar	se______r

Evaluación

1. ¿Cuál crees que sea la mejor manera de aprender ortografía?

____

____

____

____

2. ¿Cómo se diferencia la *g* fuerte de la *g* suave?

____

____

____

____

3. Escribe dos palabras que se escriban sin h que se deriven de palabras que sí la lleven.

____

____

____

____

> *Para recordar*
>
> La ortografía se aprende, sobre todo, con la práctica. Por eso, si lees mucho fijándote en la correcta escritura de las palabras y si escribes varias veces aquellos términos que te causan alguna dificultad, llegarás a dominar la ortografía.

7.3 Analiza las reglas correspondientes para el uso de homófonos *G*, *J* y *H*

Particularidades de algunas palabras con *J*

Ciertas palabras de origen extranjero con ***j*** que aparecen en el *Diccionario de la Real Academia* pueden escribirse también con *y* (sonido consonántico). En la siguiente lista, las que aparecen en primer lugar son las que prefiere la Academia.

banyo o *banjo* (voz inglesa)
jaguar o *yaguar* (del guaraní)
yudo o *judo* (del japonés)

Otras voces con *j* de origen inglés que aparecen recogidas en el *Diccionario* y que se pronuncian con *y* son:

jacuzzi	*jet*	*jet set*
jogging	*jazz*	*majorette*

Las siguientes palabras pueden ir con *j* o con *g* (en primer lugar figuran las que prefiere la Academia):

jineta o *gineta*
jenízaro o *genízaro*
hégira o *héjira*
giga o *jiga*
gibraltareño o *jibraltareño*

Homófonos con *G* y con *J*

gira / jira

gira: forma del verbo girar; viaje o excursión que termina en el punto de partida: *Esta puerta gira muy rápido. La gira por Florida fue muy interesante.*
jira: merienda entre amigos en el campo; pedazo de tela alargado que se rasga o corta de una tela: *Los escolares están de jira por la montaña. Manuel se hizo jiras el pantalón al saltar la valla.*

ingerir / injerir o injerirse

ingerir: introducir alimento, bebida o medicamentos por la boca: *En este salón no se permite ingerir comidas ni bebidas.*
injerir: injertar plantas; meter una cosa en otra; introducir palabras o notas en un texto: *Injerí en el texto la anotación del editor.*
injerirse: entremeterse, introducirse en una dependencia o negocio: *Jamás se me ocurriría injerirme en tus negocios.*

agito / ajito

agito: forma del verbo agitar: *Me agito mucho cuando estoy inquieto.*
ajito: diminutivo de ajo: *El sofrito debe llevar un ajito.*

Ejercicios

- Escribe la opción (**g** o **j**) que se ajusta al sentido de cada frase.

Abel quiso in____erirse en el negocio de con____elados; pero su hermano no le de____ó.

____

Los correctores in____irieron varias notas marginales en el escrito.

____

Julián in____irió sus medicamentos y se introdu____o en el ____*acuzzi* para rela____arse.

____

Al ____irar junto a la valla, me hice ____iras el ____ersey.

____

Después del concierto de ____*azz*, nos fuimos todos a hacer ____*ogging*.

____

Añadiré ____itomate y a____ito a los macarrones.

____

- Rellena los huecos de cada palabra con **g** o **j**, según corresponda.

ultra____e	ver____üenza	bu____ía	____enocidio
liti____io	au____e	afli____ir	psicolo____ía
infrin____imos	re____illa	an____inas	baga____e
alo____en	li____ero	bilin____üe	____ubilación
refri____erio	aler____ía	agu____erear	____uguete
transi____ir	homo____énea	fora____ido	lon____itud
____erminar	amba____es	gara____e	cuadra____esimal
anal____ésico	ba____ío	te____iendo	____eógrafo
tar____etero	ile____ítimo	nostal____ia	despe____en
ga____e	sar____ento	fu____itivo	quirúr____ico
re____io	____irasol	gran____ería	que____ido
cardial____ia	pú____il	mo____en	odontolo____ía
con____énere	in____ente	ter____iversar	mar____inal
ca____etilla	ferru____inoso	aliení____eno	gra____ea
____ersey	misó____ino	cronometra____e	aborda____e

conta......io	le......ía	dedu......e	......*acuzzi*
......*azz*	sur......ieron	eni......ma	pró......imo
abori......en	esco......es	a......ilidad	atra......imos
ar......üir	para......e	......irafa	......*et set*

Homófonas con *H* y sin *H*

Reciben el nombre de homófonas las palabras que suenan de igual modo, pero que se escriben de forma diferente y poseen también distinto significado. A continuación se presentan grupos de palabras homófonas con *h* y sin *h* de uso frecuente.

a / ha / ¡ah!
a: preposición: *Voy a casa.*
ha: del verbo haber: *Luis no ha llegado.*
¡ah!: interjección: *¡Ah!, no te había visto.*

ablando / hablando
ablando: del verbo ablandar: *Me llama intransigente porque no ablando mi posición.*
hablando: del verbo hablar: *Hablando se entiende la gente.*

abría / habría
abría: del verbo abrir: *Me dijo Inés que su ventana no abría bien.*
habría: del verbo haber: *Habría llegado si hubiera ido en avión.*

avía / había
avía: del verbo aviar, aprestar: *Avía a los niños para el colegio.*
había: del verbo haber: *Cuando llegué no había nadie.*

aré / haré
aré: del verbo arar: *Ayer aré mi huerto antes de regar.*
haré: del verbo hacer: *Hoy haré lo que no hice ayer.*

hasta / asta
hasta: preposición: *No iremos hasta mañana.*
asta: cuerno, mástil: *El toro tenía el asta rota.*

Alhambra / alambra
Alhambra: palacio de Granada (España): *Visité la Alhambra granadina.*
alambra: del verbo alambrar: *Diego alambra todo el recinto del jardín.*

hato / ato
hato: porción de ganado; ropa personal en un envoltorio: *El pastor conducía su hato de ovejas con la ayuda de un perro.*
ato: del verbo atar: *Todo lo que ato queda seguro.*

Ejercicios

- De acuerdo con el sentido de cada frase, escribe al margen la opción correcta de las palabras en cursiva.

Emilia *abría / habría* la tienda cuando llegaba el mensajero. ....

Si hubiese venido, *habría* / *abría* jugado con el equipo. ....

Ana le estaba *ablando* / *hablando* de lo que *avía* / *había* visto. ....

La mamá *avía* / *había* a sus hijos para los actos del colegio. ....

El guía asegura que *asta* / *hasta* las dos no llegaremos. ....

¡Ah! / *Ha,* de modo que vienes *ha* / *a* la fiesta. ....

La bandera ondeaba ayer a media *hasta* / *asta*. ....

El *ato* / *hato* de ganado fue conducido *hasta* / *asta* el redil. ....

Si no lo *ato* / *hato* en corto, no habrá modo de sujetarlo. ....

Años *ha* / *a* que no nos veíamos. ....

Más ejemplos con *H* y sin *H*

harte / arte

harte: del verbo hartar, saciar o fastidiar: *Déjele que coma hasta que* se *harte.*
arte: virtud y habilidad para hacer algo; astucia, maña: *Consiguió lo que quería como por arte de magia.*

herrar / errar

herrar: poner herraduras a una caballería: *Llevo a herrar mi yegua.*
errar: no acertar; equivocarse: *Trataré de no errar en la respuesta.*

Ejercicios

- De acuerdo con el sentido de cada frase, escribe al margen la opción correcta de las palabras en cursiva.

Los vecinos han ido *a ver* / *haber* la exposición de *arte* / *harte*. ....

Marta trae mucha hambre; que coma hasta que se *harte* / *arte*. ....

El herrero no suele *errar* / *herrar* el golpe al *herrar* / *errar* al caballo. ....

Todo lo que he *echo* / *hecho* hoy es contemplar el paisaje. ....

Amiga, debes saber que te *hecho* / *echo* mucho de menos. ....

Si los niños no se callan, les *echo* / *hecho* del aula. ....

Hasta aquí llegó la *onda* / *honda* expansiva de la explosión. ....

Esta sima es más *onda* / *honda* de lo que pensaba. ....

Hoy *hizo* / *izo* yo la bandera; mañana, tú. ....

Vayan por el *hatajo* / *atajo*; así llegarán más pronto. ....

Todo lo que dijo a la prensa fue un *atajo* / *hatajo* de mentiras. ....

Homófonas con *H* y sin *H* *(continuación)*

hojear / ojear

hojear: pasar las hojas de un libro, leyendo deprisa: *Estuve hojeando el libro que me regalaste.*

ojear: mirar a alguna parte; espantar la caza: *El ojeador se encarga de ojear las liebres cuando vamos de caza.*

hola / ola

¡hola!: interjección: *¡Hola!, ¿cómo te va?*

ola: onda en la superficie de las aguas: *La ola me ha mojado.*

hora / ora

hora: sesenta minutos: *El tren tarda una hora en llegar.*

ora: del verbo orar; conjunción distributiva (aféresis): *El religioso ora por sus antepasados. El tiempo es muy variable: ora llueve, ora nieva.*

deshecho / desecho

deshecho: del verbo deshacer: *Elvira se va a acostar; ya ha deshecho la cama.*

desecho: del verbo desechar, excluir; desperdicio, residuo: *Ya he desecho la sospecha que tenía. Los desechos de la fábrica no se vierten en el arroyo.*

horca / orca

horca: mecanismo para dar muerte a condenados; ristra para ajos y cebollas: *Morir en la horca es una pena salvaje. En la panera había horcas de ajos colgando.*

orca: mamífero marino: *Las orcas viven en los mares del norte.*

huso / uso

huso: instrumento para hilar: *Las hilanderas empleaban el huso para trabajar.*

uso: acción y efecto de usar; costumbre: *Su ropa está en buen uso.*

hinca / inca

hinca: del verbo hincar: *El sacerdote se hinca ante el altar.*

inca: pueblo amerindio: *El imperio inca fue un brillante Estado precolombino.*

Ejercicios

- De acuerdo con el sentido de cada frase, escribe al margen la opción correcta de las palabras en cursiva.

Es fungible lo que se consume con el *uso* / *huso*. ....

Hay varias hipótesis, pero yo no *desecho* / *deshecho* ninguna. ....

Los condenados a la *orca* / *horca* morían a manos del verdugo. ....

Una enorme *orca* / *horca* se había acercado al acantilado. ....

En 1911 se hallaron las ruinas *hincas* / *incas* del Machu Picchu. ....

El gato había *deshecho* / *desecho* el tejido. ....

No me ha dicho a qué *hora* / *ora* saldrá. ....

Es militar-poeta; toma *ora* / *hora* la espada, *ora* / *hora* la pluma. ....

Cuando no *ora* / *hora* en la capilla, *hora* / *ora* en el altar mayor. ....

El viejo *huso* / *uso* de hilar yacía en el telar. ....

Ola / *¡Hola!*, ¿qué tal el viaje? ....

La *hola* / *ola* había arrastrado a los bañistas. ....

El profesor llegaba siempre a su *hora* / *ora*. ....

Actividad de cierre

1. Presentar a los estudiantes el testamento que cada heredero modificó para beneficiarse.

El hijo presentó su copia que decía:
"Yo dejo mis bienes a mi hijo no a mi sobrino tampoco nunca se pagará la cuenta del sastre no dejo mis bienes a mi esposa no a mi cuñado. Que mis deseos sean órdenes".
Facundo Fonseca.

La copia del sobrino decía así:
"Yo dejo mis bienes a mi hijo no, a mi sobrino tampoco nunca se pagara la cuenta del sastre, no dejo mis bienes a mi esposa, no a mi cuñado". Que mis deseos sean órdenes.
Facundo Fonseca.

La del sastre decía así.
"Yo dejo mis bienes: a mi hijo no, a mi sobrino tampoco nunca, se pagará la cuenta del sastre no dejo mis bienes a mi esposa, no a mi cuñado". Que mis deseos sean órdenes.
Facundo Fonseca.

La copia de la esposa decía:
"Yo dejo mis bienes: a mi hijo no, a mi sobrino tampoco, nunca se pagará la cuenta del sastre no, dejo mis bienes a mi esposa, no a mi cuñado". Que mis deseos sean órdenes.
Facundo Fonseca.

Y finalmente la copia de su cuñado decía:
"Yo dejo mis bienes: a mi hijo no, a mi sobrino tampoco, nunca se pagará la cuenta del sastre, no dejo mis bienes a mi esposa no, a mi cuñado". Que mis deseos sean órdenes.
Facundo Fonseca.

2. Cada estudiante comparará el testamento que punteó beneficiando a alguno de los herederos.

Metacognición

1. ¿Aplicas correctamente los signos de puntuación en los textos que redactas en tu vida cotidiana? Justifícalo.

____

____

2. ¿Comprobaste que el texto cambia de significado cuando se utilizan los signos de puntuación? Justifícalo.

____

____

3. ¿Redactas diferentes tipos de textos donde demuestres riqueza de léxico (vocabulario, precisión sintáctica y ortográfica)?

Bloque VIII

REDACTA TEXTOS EXPOSITIVOS

- Conoce las funciones del lenguaje en el texto expositivo: referencial, apelativa y metalingüística.
- Reconoce las características externas de un texto expositivo: formato variable, introducción, desarrollo, conclusión, bibliohemerografía, índice y notas de pie de página.
- Conoce las características internas de un texto expositivo: lenguaje denotativo; tecnicismos, prefijos, sufijos y neologismos; uso de prototipos y conectores.

Bloque VIII

Redacta textos expositivos

Unidad de competencia

Redacta textos expositivos, empleando las funciones del lenguaje correspondientes para establecer una comunicación informativa que refleje su vida cotidiana.

Atributos de las competencias genéricas

1.4 Analiza críticamente los factores que influyen en su toma de decisiones.

4.1 Expresa las ideas y los conceptos mediante las representaciones lingüísticas, matemáticas o gráficas.

4.2 Aplica distintas estrategias comunicativas según quienes sean sus interlocutores, el contexto en el que se encuentra y los objetivos que persigue.

4.3 Identifica las ideas claves en un texto o discurso oral e infiere conclusiones a partir de ellas.

6.2 Evalúa argumentos y opiniones e identifica prejuicios y falacias.

6.4 Estructura ideas y argumentos de manera clara, coherente y sintética.

7.3 Articula saberes de diversos campos y establece relaciones entre ellos y su vida cotidiana.

8.2 Aporta puntos de vista con apertura y considera los de otras personas de manera reflexiva.

8.3 Asume una actitud constructiva, congruente con los conocimientos y habilidades con los que cuenta dentro de distintos tipos de trabajo.

10.2 Dialoga y aprende de personas con distintos puntos de vista y tradiciones culturales mediante la ubicación de sus propias circunstancias en un contexto más amplio.

Actividad de inicio

1. Se presenta la siguiente receta de cocina.

Pozole rojo

Ingredientes:
1 kg de Maíz
3 cabezas de ajo
5 chiles pasilla o ancho cocidos
1 1/2 kg de carne de cerdo
(espinazo, pierna, cabeza)
1 lechuga picada
1 manojo de rábanos
1 cebolla picada
1 cucharada de cal
sal (al gusto)

Preparación

El maíz se pone a remojar durante 2 horas, después se pone en una olla de peltre o de barro y se le añade 1 cucharada de cal y se pone a cocer hasta que el maíz suelta el pellejo de manera fácil.

Después se deja enfriar y se talla el maíz para que suelte todo el pellejo.

El maíz ya sin pellejo se pone en una olla con agua y se le añade la cabeza de ajo, se deja hervir hasta que reviente el maíz en forma de rosa.

La carne se pone a cocer por separado y ya que este cocida y el maíz reventado se le agrega el caldo de la carne a la olla del maíz para que quede espeso.

Los chiles se licuan y se le agrega a la olla del pozole para que quede rojo, después se sazona con sal.

El plato se sirve con el maíz, carne; se adorna con la lechuga picada, rábanos y cebolla picada.

1. ¿Qué tipo de texto es?

____

2. ¿Qué función predomina en éste?

____

Una reflexión para ti

El mundo en que te ha tocado vivir exige conocer e identificar con precisión las diversas formas de comunicación. Es necesario que estés alerta a la intención que los textos expositivos plantean.

En esta unidad encontrarás técnicas y herramientas necesarias para enfrentar las situaciones comunicativas que se presenten en todos los ámbitos en que te desenvuelves.

Queremos que seas capaz de consultar diversas fuentes bibliográficas; que apliques en tu vida diaria las funciones de la lengua; que reconozcas los diversos textos periodísticos, históricos y escolares para fortalecer tus competencias de comunicación escrita.

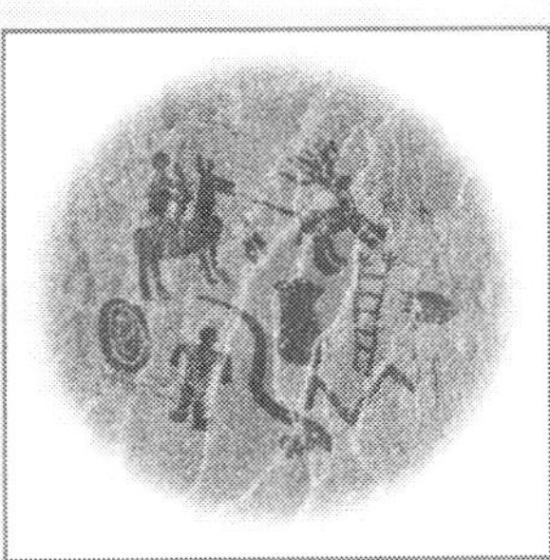

Algo de historia...

¿Sabías que la prensa tuvo su origen en las pinturas rupestres y en la escritura sobre piedra, papiro, tablillas y códices; es decir, en todos aquellos medios que hacen posible la permanencia de un mensaje a través de los años?

8.1 Conoce las funciones del lenguaje en el texto expositivo

- Escribe las funciones que recuerdes de la lengua.

1. ______________________________
2. ______________________________
3. ______________________________
4. ______________________________

- En el texto siguiente, subraya un ejemplo de cada función de la lengua y al margen anota el nombre de cada una.

Visiones rápidas

La mayor tortura del viajero es no poder retener con nitidez siquiera las emociones más profundas, las vistas más bellas. Contemplamos extasiados, hacemos un esfuerzo para fijar en la mente el contorno y el color, y en el corazón la grata placidez de un panorama, y nos duele saber que a pesar de nuestro esfuerzo retentivo aquello se hará humo muy pronto. Quizá al día siguiente ya se habrá deshecho para confundirse con otras visiones y quedará fatalmente olvidado, perdido para siempre de lo que pasa sin retorno. Frágil conciencia que sólo posee el instante; nos soñamos arcángeles y somos gusanos reptando en un planeta inferior.

En uno o dos días, en rápidas horas de encantamiento, visitamos el Instituto de Butantán, pabellones risueños entre colinas verdes; miramos el veneno viscoso como perla líquida que se extrae del colmillo vivo para formar los sueros; recibimos lecciones de cómo se caza una víbora y miramos retorcidas una infinidad de ellas en sus casas, en sus terrados, reducidas a la impotencia por la maña del hombre. Recorrimos después, esa misma tarde, una escuela de agricultura en comienzo, los barrios fabriles, y al atardecer, a la hora en que el obrero vuelve al hogar, paseamos por enfrente de sus moradas. No vimos sordidez, sino pobreza decorosa; ni una calle sin atarjea, por todos lados pavimento y luz. No hay en São Paulo, como no lo hay en Río de Janeiro ni en Buenos Aires, uno de esos barrios de pesadilla como el East-Side de Nueva York o los increíbles arrabales de la capital de México, donde la choza y el muladar completan la miseria de una multitud harapienta.

José Vasconcelos. *La raza cósmica. Misión de la raza iberoamericana,* México, Asociación Nacional de Libreros, 1983, pp. 71-72.

- Contesta las siguientes preguntas.
  1. ¿Cómo fue el lenguaje del texto anterior?
  2. ¿Qué funciones de la lengua observaste en ellos?
  3. ¿Qué prototipos se utilizaron?

Si en algunos aspectos no te sentiste seguro, te invitamos a leer la siguiente información. seguramente todas tus dudas se disiparán.

El texto que acabas de leer es *expositivo*; estos textos se caracterizan porque nos proporcionan información acerca de un tema con un lenguaje *denotativo*; además, incluyen explicaciones que complementan y aclaran la información.

El autor establece lo que es importante y lo que no lo es, por tal razón se dice que un texto expositivo guía o dirige, por ello se le considera *directivo*.

El autor puede, en ocasiones, exponer su opinión. La función de la lengua que se utiliza principalmente es la *referencial*; sin embargo, hay temas en los cuales las funciones principales son la *apelativa* (cuando pretende influir en el lector) y la *metalingüística* (si lo que se expone se refiere a la lengua).

El prototipo empleado es la *narración*.

- Elabora un *mapa semántico* acerca de los textos expositivos.

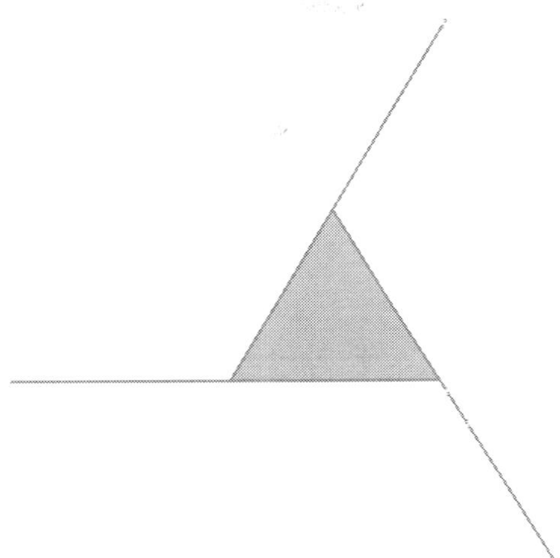

- Lee los siguientes textos e identifica las características, las funciones de la lengua y los prototipos textuales que contengan. Utiliza colores. Registra tus resultados en el cuadro que les sigue.

Ácidos y bases en nuestra vida diaria

Conocer lo que son los ácidos y las bases no sólo es útil en la clase de química, también para la vida cotidiana, ya que muchos de ellos están presentes en los alimentos —a los que dan sabor— o en productos que utilizamos con frecuencia.

Los ácidos tienen sabor agrio (como el jugo de limón) y reaccionan con algunos metales dando hidrógeno. Las soluciones básicas saben amargas y se sienten resbalosas (como los jabones), y reaccionan con los ácidos dando sal y agua.

Las concentraciones de ácidos y bases se miden con una escala de *ph*. Una solución con un ph de 0 es fuertemente ácida, una solución con un ph de 14 es fuertemente básica y una solución con un ph de 7 es neutra. Así que la escala va del 0 al 14.

Muchos materiales que ocupamos o alimentos que ingerimos tienen un grado de ph. Por ejemplo, del 0 al 6, los ácidos para baterías ocupan el 0; el jugo gástrico, el 2; el jugo de limón, el 2.3; los refrescos, el 3; el vinagre, el 3.5; los tomates, el 4.5; el café, el 5, y la leche, el 6.5. Del 8 al 14, un antiácido ocupa el 9.4; los detergentes, el 10; la leche de magnesia, el 10.8; el amoniaco doméstico, 11.2; la crema depiladora, el 13, y el limpiador de hornos y la lejía, el 14.

Cuando ingerimos un antiácido, como la leche de magnesia, para tratar de curar la acidez estomacal, lo que estamos produciendo en nuestro cuerpo es una reacción de neutralización. Ésta ocurre cuando se ponen en contacto un ácido y una base produciendo sal y agua.

Ricardo Yaphet Huerta Lozada en *¿Cómo ves?*,
Revista de divulgación de la Ciencia de la UNAM,
año 7, núm. 82, septiembre de 2005, p. 34.

Naturaleza con vestido azul

Las plumas no sólo les permiten a los pájaros volar, sus colores vistosos les sirven para cortejo. Los colores de los pájaros, y en particular los de plumaje iridiscente, son consecuencia de la evolución y la selección de complejas estructuras adaptativas.

A lo largo de millones de años de evolución, la naturaleza ha manejado el color con increíbles resultados. Al mismo tiempo ha creado misterios: por ejemplo, al comparar el colorido de las aves que vuelan con los apagados y opacos tonos de muchos animales terrestres, especialmente los mamíferos, uno podría preguntarse: ¿Por qué no hay venados verdiazules? La respuesta tiene que ver con la estrategia del venado de confundirse con el paisaje y pasar inadvertido. La mayoría de los pájaros pueden escapar de sus enemigos levantando el vuelo, no necesitan ocultarse en un fondo de tonos ocres. El vuelo permitió que en muchas especies de pájaros se desarrollara un plumaje colorido para identificarse y atraer al sexo opuesto. El color les sirve a unos animales para ocultarse y a otros para llamar la atención.

Los colores pardos, rojos, amarillos y naranjas se deben a pigmentos o productos que ingiere el ave; y el azul y el verde iridiscentes se deben a la interacción de la luz con la estructura microscópica de las plumas.

Isaac Newton fue el primero que hizo un estudio sistemático del color, en el siglo XVII. Haciendo pasar luz solar a través de un prisma triangular de vidrio, observó que ésta se transformaba en un abanico de luz con todos los colores del arco iris. Con esto Newton dedujo que la luz blanca está formada por la mezcla de rojo, naranja, amarillo, verde, azul y violeta, y llamó espectro a este conjunto de colores. En la teoría de Newton, el color de un objeto se debe a la combinación de colores que refleja, y depende de factores propios del objeto, como la estructura del material que está hecho, y de factores externos, como el color y la intensidad de la luz con que se le ilumine.

En *¿Cómo ves?*, Revista de divulgación de la Ciencia de la UNAM, año 7, núm. 82, septiembre de 2005, pp. 16-17.

Mario Vargas Llosa
La fiesta del chivo
México, Editorial Alfaguara
2000
518 páginas

Si te gustan los libros de corte histórico en los cuales la tensión va aumentando página a página; si te interesan las novelas en donde la realidad es tan impactante que parece ficción pura, entonces *La fiesta del chivo es* para ti.

Mario Vargas Llosa, ese controversial escritor peruano-español, galardonado con innumerables premios, nos muestra de nuevo su talento en ésta su más reciente obra. Esta vez el texto no gira en torno al erotismo, como en su anterior novela: *Los cuadernos de don Rigoberto,* sino que recrea un tema histórico: La dictadura del general Rafael Leónidas Trujillo, quien gobernó la República Dominicana desde 1930 hasta 1961, en un régimen sanguinario e injusto, cuyo lema oficial era: "Rectitud, Libertad, Trabajo y Moralidad".

Enfundado en sus impecables uniformes repletos de condecoraciones militares, Trujillo nos hace sentir su penetrante mirada; "una mirada que nadie podía resistir sin bajar los ojos, intimidado, aniquilado por la fuerza que irradiaban esas pupilas perforantes, que parecía leer los pensamientos más secretos, los deseos y apetitos ocultos, que hacía sentirse desnudas a las gentes" (p. 47). Gracias al magistral trazo de Vargas Llosa, la fuerte personalidad del dictador Trujillo, de sus colaboradores y de sus detractores, el lector logra adentrarse en la dolorosa realidad que se vivió en ese pueblo hermano, durante más de treinta años.

Sin embargo, no se trata de un documento informativo sobre la historia nacional de República Dominicana simplemente; el autor también va entretejiendo la historia personal de la protagonista femenina y sus fantasmas, sus deseos, sus rencores: Urania Cabral, una mujer dominicana que luego de 35 años de autoexilio, por fin se decide a regresar a su país natal.

(...) *La fiesta del chivo* es un texto que nos atrapa y nos lleva sutilmente por el mundo frío e inextricable de la política...

(...) *La fiesta del chivo* nos obliga finalmente a pensar en uno de los valores de la humanidad que nadie tiene derecho de arrebatarnos: la libertad.

Norma Márquez en Mónica Márquez Hermosillo.
Activar el lenguaje, Trillas, México, 2001, p. 182.

Texto	Características	Funciones	Prototipos textuales
1			
2			
3			

1. ¿Qué tan importante son los textos expositivos en tu vida personal?
2. ¿Qué papel juegan en tu formación académica?
3. ¿Qué aspectos personales se ponen de manifiesto cuando elaboras textos expositivos?

8.2 Reconoce las características externas de un texto

Características externas

Formato variable

De acuerdo con el tipo de texto, adquiere la forma; influye también la finalidad que tenga o persiga el escritor.

Introducción

Tiene que ver con el contenido del texto; ésta es la primera parte del tema, en la que se plantea brevemente el asunto.

Desarrollo

Contiene todos los datos del tema, todos los elementos que necesitamos para transmitir nuestro mensaje, la información que deseamos dar a conocer. Esa parte es la más extensa.

Conclusión

Es la tercera parte fundamental del texto; siempre va al final de la estructura general y en ella se exponen las ideas, que encierran en ocasiones las consecuencias, las sugerencias o la idea que resume lo expuesto.

Bibliohemerografía

Es un elemento necesario en este tipo de textos, ya que sin duda para elaborarlos tuvimos que consultar diversas fuentes. Es aquí donde registramos los datos de libros, revistas, periódicos y páginas de Internet. Como ejemplo consulta las últimas páginas de este libro o de cualquier otro.

Índice

Contiene la relación de contenidos de un texto, ordenados de acuerdo con diversos criterios; puede ser por orden alfabético, por orden cronológico o según un programa establecido. Observa el índice de este libro o de cualquier otro.

Notas a pie de página

Como su nombre lo indica, las encontramos al final de la página y contiene aclaraciones respecto de algo que se mencionó en el texto, pero que se considera conveniente ampliar o especificar. Tales notas están señaladas por un número, mismo que aparece en el texto, para facilitar su localización y comprensión.

- ¿Cuáles son las características de los textos expositivos?

____

____

____

- Lee el siguiente texto.
- Posteriormente, describe en tu cuaderno sus elementos estructurales internos y externos.

Epilepsia, la enfermedad sagrada

Sócrates, Napoleón, Dostoievsky, Alfred Nobel y Van Gogh tenían una cosa en común: padecían epilepsia. Los registros de este trastorno son tan antiguos como la escritura: se describe la epilepsia en textos mesopotámicos del 5000 antes de Cristo.

Lo que hoy conocemos como epilepsia fue considerado durante siglos por distintas culturas un mal de origen sobrenatural, causado por deidades benéficas o perjudiciales. En ocasiones, el epiléptico era visto como un sujeto poblado por los demonios, en otras se le consideraba como un profeta que entraba en contacto con las divinidades durante los trances y los ataques. De ahí se deriva la idea de la epilepsia como un padecimiento sagrado y los rituales que buscaban curarla combinando la magia con la medicina. Incluso la Biblia relata un episodio en el que Cristo libera a una mujer "poseída por el demonio", posesión que se manifestaba a través de las convulsiones generalizadas que hoy consideramos síntomas inequívocos de una crisis epiléptica.

El *Código de Hammurabi*, uno de los compendios de leyes más antiguos, norma la compra de esclavos y manifiesta que el contrato puede anularse si el esclavo presenta episodios de *sibtu*, que era el nombre con el que se conocían las crisis epilépticas. Hipócrates, considerado el padre de la medicina, escribió, hacia el año 400 a.C., el tratado sobre la enfermedad sagrada. En éste intentaba sustituir con causas fisiológicas las explicaciones sobrenaturales que se asociaban con la epilepsia en diversas culturas.

Los tratamientos mesoamericanos para aliviar la epilepsia han llegado hasta nuestros días gracias a los textos de cronistas como Poma de Ayala y a la conservación del *Códice de la Cruz-Badiano*. Los incas, los mayas y los aztecas consideraban a la epilepsia como una enfermedad maléfica y la trataban con diferentes hierbas y rituales. En el *Códice de la Cruz-Badiano*, por ejemplo, se indicaba que hay que tratar al individuo que padece la "enfermedad que encoge los nervios" con una combinación de carne de topo quemada, piedrecillas del buche del halcón y el gallo, cabello de muerto, cuerno de venado y algunas raíces, todo sumergido en agua caliente.

El enfermo debía tomar ese brebaje hasta vomitar (efecto que no debía ser difícil de conseguir).

Fue hasta el siglo XIX cuando los adelantos científicos y tecnológicos permitieron establecer una relación entre la aparición de la epilepsia y las lesiones del sistema nervioso. Los estudios realizados en 1860 por Luciani, Fritsch y Hitzing demostraron que se podía inducir una crisis epiléptica en los perros estimulándoles el cerebro con electricidad.

Concluimos que la epilepsia es un padecimiento cerebral no contagioso, que consiste en la transmisión anormal de señales eléctricas entre células cerebrales. Más del 70% de las epilepsias pueden controlarse mediante fármacos.

Cómo ayudar a una persona que sufre un ataque epiléptico

1. Mantener la calma.
2. No es conveniente interferir con las convulsiones tratando de detenerlas.
3. Alejar objetos que puedan ocasionarle algún daño.
4. No introducir objetos en la boca del epiléptico.
5. Facilitar la respiración colocándolo de costado.
6. Observar: duración del ataque, las fuerzas de las convulsiones y cualquier síntoma que llame la atención, para informar al médico.
7. Dejar descansar a la persona, quien estará agotada y con sueño.

Ma. Emilia Beyer Ruiz en *¿Cómo ves?*
Revista de divulgación de la Ciencia de la UNAM,
año 7, núm. 83, octubre de 2005, pp. 28-30.

- Probablemente no contaste con la información suficiente para responder las preguntas, así que te invitamos a completar la información del siguiente *mapa conceptual*, con base en la información que leerás a continuación.

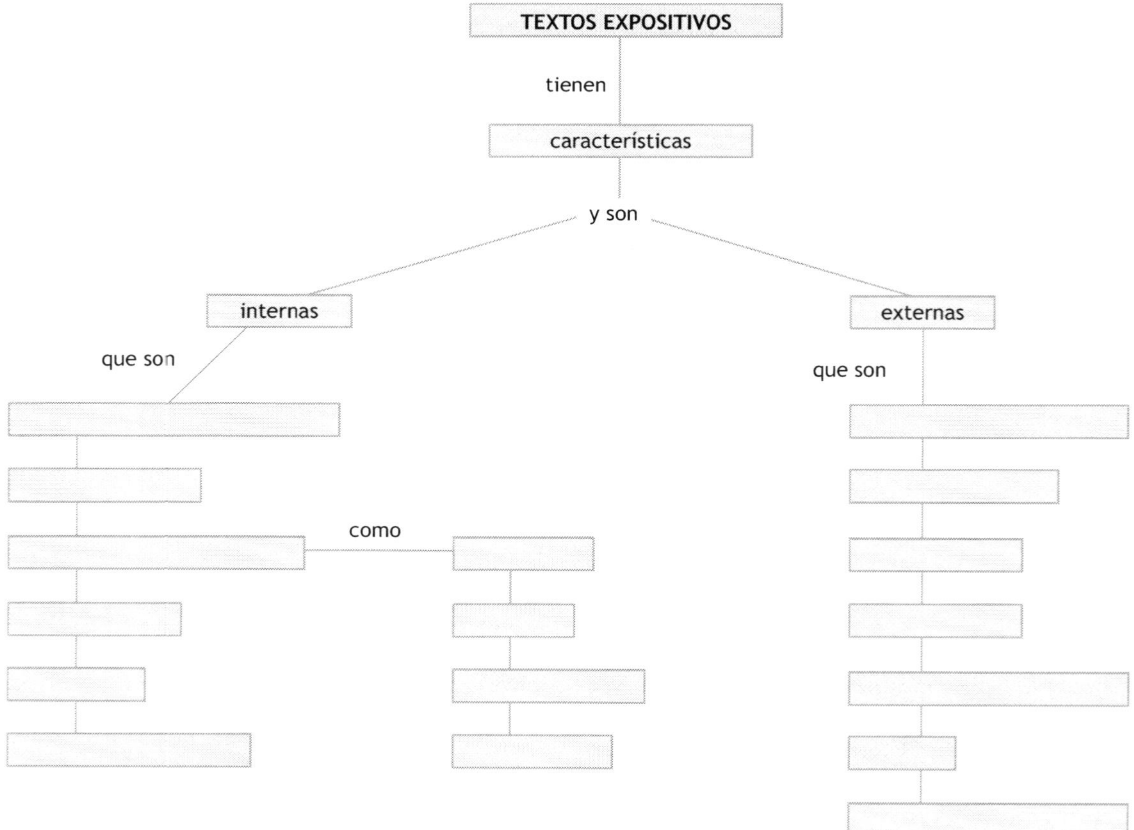

8.3 Conoce las características internas de un texto expositivo

Formación de nuevas palabras (Neologismos)

¿Sabías que puedes contribuir con nuestro español creando palabras nuevas?

Si utilizas algunas reglas serás el inventor de nuevos términos y de esa forma enriquecerás nuestro idioma.

¿Cómo hacerlo?

Para empezar debes recordar que:

Una palabra está formada por morfemas, entre ellos lexema, gramema (prefijos y sufijos).

Es necesario que conozcas estos términos para poder buscar más información y además puedas manejar el mismo código que otros autores.

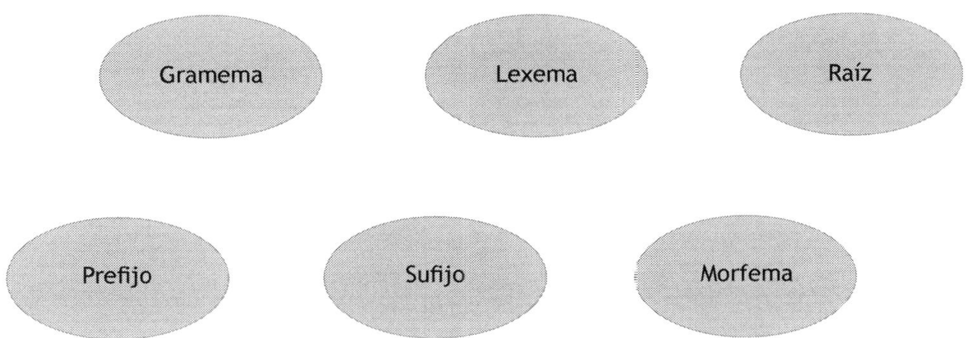

Morfema: Parte de la palabra que no tiene significado por si mismo. En ocasiones puede ser una palabra.
Gramema: Parte de la palabra que complementa el significado.
Lexema: Parte de la palabra que da el significado. Es lo que se conserva cuando hacemos una conjugación o formamos una familia de palabras. También se le llama raíz.
Prefijo: Morfema que va al principio en algunas palabras.
Sufijo: Morfema que va después del lexema para precisar el significado de la palabra.
Palabra simple: Palabra que tiene una sola raíz o un solo lexema.
A partir de una palabra simple puedes crear otras.
Existen tres formas para crear nuevas palabras, las cuales podrás utilizar, todo es cuestión de un poco de conocimiento y de observación:

a) Derivación b) Composición c) Parasíntesis

Derivación			Composición			Parasíntesis		
lexema	sufijo	Palabra	prefijo	lexema	sufijo	Lexema	sufijo	sufijo
libr	ero	Librero	En	sill	ar	Biblio	teca	ario
am	ado	Amado	Sub	mar	ino	Territ	orial	idad
campan	ario	campanario	A	fon	ía	Proc	Ura	ado

*Posibles combinaciones

Derivación.................................... lexema + sufijo
Composición................................ prefijo + lexema + sufijo
Parasíntesis.................................... lexema + lexema + sufijo
Lexema + sufijo + sufijo

Familia de palabras = Está integrada por palabras que tienen el mismo lexema o raíz.

- ¿Crees posible formar la familia de la palabra rojo con 10 palabras integrantes?

¡Inténtalo! ¡Adelante! ¡No te limites!

Prefijo	Lexema	Sufijo	Palabra nueva
	roj		

- ¿Qué otras familias te gustaría formar?
- Date la oportunidad de formar nuevas palabras pero ten presente que deben tener significado.

- Utiliza estas palabras que te damos como ejemplos: dirección, terrestre, metro, libro, cargar.

Prefijo	Lexema	Sufijo	Palabra nueva
	direc		
	terr		
	metr		
	libr		
	carg		

- Redacta un texto donde utilices un vocabulario nuevo. Primero trabaja formando tu equipo de palabras.

  Puedes utilizar el siguiente cuadro.

Prefijos		Sufijos	
Griegos	**Latinos**	**Griegos**	**Latinos**
A: sin.	Ab, abs: separación.	Sis: acción.	Ura: acción.
Dis: dificultad.	Ad: proximidad	Itis: irritación, Inflamación.	Miento, mento: Acción verbal.
Hemi: mitad.	Ante: antes de.	Ico, ica: relativo a la ciencia.	Ancia, anza: Acción.
	Circum: alrededor.	Ismo: sistema, doctrina.	Ario, erea, Orio, ero, era: lugar.
	Co, con: compañía.	Ma: tumor.	Ario, ada, eda, ena: conjunto.

Nuevas palabras: ....

....

....

Texto: ....

....

....

- ¿Por qué crees importante conocer el significado de prefijos y sufijos?

....

....

- Investiga el concepto de neologismo y da tres ejemplos.
- Investiga el concepto de arcaísmo y da tres ejemplos.

Lenguaje denotativo

Las palabras utilizadas corresponden al objeto real, es decir, no se sujetan a la subjetividad del escritor.

Ejemplo:

El mar es una gran masa de agua salada que cubre la mayor parte de la superficie de la Tierra.

Tecnicismos

Recurren al vocabulario específico del tema que traten; pertenecen a los diferentes oficios y profesiones, a las ciencias o al arte. *Ejemplos:*

> *Dislexia, embolia, devaluación, neoliberalismo, columnas dóricas, litigar* y muchos otros.

Uso de prototipos

Uso de *prototipos*, de los que ya hemos hablado; en este caso se utilizan la *narración*, la *descripción* y la *exposición*.

Conectores

Se les llama así a las preposiciones, las conjunciones y los adverbios que tienen como función unir a otros elementos gramaticales. *Ejemplo:*

> El hombre **y** el medio ambiente deberían convivir **en** armonía, **pero** hasta el momento se han enfrentado.

Cohesión

Todos los textos que escribimos, y especialmente los expositivos, deben guardar una relación lógica que les dé cohesión o coherencia de principio a fin; es decir, nunca se debe perder el hilo conductor de lo que se está hablando. Así, las ideas deben guardar una relación dentro de un párrafo (cohesión pragmática) y entre un párrafo y otro (cohesión global). Cuidar la cohesión en lo que escribimos es la mejor manera de lograr precisión, fluidez y claridad en nuestros mensajes.

Palabras clave

Son aquellos términos que al jugar un papel fundamental en el texto cobran una relevancia especial, por lo que conviene resaltarlos de alguna manera para señalar su importancia. Para destacarlos se puede usar un tipo de letras diferente, sean cursivas o negritas. *Ejemplo:*

> La proteína conocida como cinasa regula la acción de otras proteínas llamadas **transportadores**, que mueven iones de un lado a otro de las membranas de las células. Esto es fundamental para el correcto funcionamiento de las células, porque este tipo de transportadores controla la **reabsorción** de sal en el riñón, la presión arterial y la concentración de cloro en las neuronas.

- Construye en tu cuaderno un *cuadro sinóptico* de las características internas y externas del texto expositivo.

- Lee el siguiente texto; subraya con colores sus características externas (introducción, desarrollo, conclusión).
- Registra tus respuestas en un *cuadro organizativo*.
- Completa el cuadro organizativo con sus características internas (tipo de lenguaje y prototipos textuales).
- En binas, compara tus respuestas con las de tu compañero y corrige lo necesario.

En nuestro mundo el amor es una experiencia casi inaccesible. Todo se opone a él: moral, clases, leyes, razas y los mismos enamorados. La mujer siempre ha sido para el hombre "lo otro", su contrario y complemento. Si una parte de nuestro ser anhela fundirse a ella, otra, no menos imperiosa, la aparta y excluye. La mujer es un objeto, alternativamente precioso o nocivo, mas siempre es diferente. Al convertirla en objeto, en ser parte y al someterla a todas las deformaciones que su interés, su vanidad, su angustia y su mismo amor le dictan, el hombre la convierte en instrumento. Medio para obtener el conocimiento y el placer, vía para alcanzar la supervivencia, la mujer es ídolo, diosa, madre, hechicera o musa, según muestra Simone de Beauvoir, pero jamás puede ser ella misma. De ahí que nuestras relaciones eróticas estén viciadas en su origen, manchadas en su raíz. Entre la mujer y nosotros se interpone un fantasma: el de su imagen, el de la imagen que nosotros nos hacemos de ella y con la que ella se reviste. Ni siquiera podemos tocarla como carne que se ignora a sí misma, pues entre nosotros y ella se desliza esa visión dócil y servil de un cuerpo que se entrega...

Octavio Paz. *El laberinto de la soledad. Dialéctica de la soledad*, México, 1959, FCE, p. 177.

- Te sugerimos leer la obra *Batallas en el desierto*, de José Emilio Pacheco (puedes elegir otra si lo deseas) y exponer ante el grupo sus características.
- Ahora te invitamos a leer un texto más. Coméntalo con el grupo.

El solitario mexicano ama las fiestas y las reuniones públicas. Todo es ocasión para reunirse. Cualquier pretexto es bueno para interrumpir la marcha del tiempo y celebrar con festejos y ceremonias, hombres y acontecimientos. Somos un pueblo ritual. Y esta tendencia beneficia a nuestra imaginación tanto como a nuestra sensibilidad, siempre afinadas y despiertas. El arte de la Fiesta, envilecido en casi todas las partes, se conserva intacto entre nosotros. En pocos lugares del mundo se puede vivir un espectáculo parecido al de las grandes fiestas religiosas de México, con sus colores violentos, agrios y puros, sus danzas, ceremonias, fuegos de artificio, trajes insólitos y la inagotable cascada de sorpresas de los frutos, dulces y [...] objetos que se venden esos días en plazas y mercados.

Nuestro calendario está poblado de fiestas, [...]

Octavio Paz. *El laberinto de la soledad.*
Todos Santos Días de Muertos, México, 1959, FCE, p. 42.

1. ¿Tienes alguna dificultad para comprender y elaborar textos expositivos?
2. ¿Por qué lo consideras así?
3. ¿Qué determina las características internas de un texto expositivo?

Actividad de cierre

Lee detenidamente el siguiente cuestionario y marca con una "X" en el cuadro que corresponda, atendiendo el grado que posee respecto a los indicadores presentados.

1 Nunca **2** En algunas ocasiones **3** En la mayoría de las ocasiones **4** Siempre

Indicadores	1	2	3	4
1. Contiene los datos de identificación personal del personaje en cuestión.				
2. Consideró los hechos transcendentales de su vida.				
3. Aplicó las características internas y externas de los textos expositivos.				
4. El texto manifiesta claridad, coherencia y cohesión.				
5. Aplicó correctamente las reglas de ortografía.				

Tabla para evaluar trabajo colaborativo

Categoría	4	3	2	1
Trabajando con otros	Casi siempre escucha, comparte y apoya el esfuerzo de otros. Trata de mantener la unión de los miembros trabajando en grupo.	Usualmente escucha, comparte y apoya el esfuerzo de otros. No causa "problemas" en el grupo.	A veces escucha, comparte y apoya el esfuerzo de otros, pero algunas veces no es un buen miembro del grupo.	Raramente escucha, comparte y apoya el esfuerzo de otros. Frecuentemente no es un buen miembro del grupo.
	Proporciona siempre ideas útiles cuando participa en el grupo y en la discusión en clase. Es un líder definido que contribuye con mucho esfuerzo.	Por lo general, proporciona ideas útiles cuando participa en el grupo y en la discusión en clase. Un miembro fuerte del grupo que se esfuerza.	Algunas veces proporciona ideas útiles cuando participa en el grupo y en la discusión en clase. Un miembro satisfactorio del grupo que hace lo que se le pide.	Rara vez proporciona ideas útiles cuando participa en el grupo y en la discusión en clase. Puede rehusarse a participar.
Manejo del tiempo	Utiliza bien el tiempo durante todo el proyecto para asegurar que las cosas se realicen a tiempo. El grupo no tiene que ajustar la fecha límite o trabajar en las responsabilidades por la demora de esta persona.	Utiliza bien el tiempo durante todo el proyecto, pero pudo haberse demorado en un aspecto. El grupo no tiene que ajustar la fecha límite o trabajar en las responsabilidades por la demora de esta persona.	Tiende a demorarse, pero siempre tiene las cosas hechas para la fecha límite. El grupo no tiene que ajustar la fecha límite o trabajar en las responsabilidades por la demora de esta persona.	Rara vez tiene las cosas hechas para la fecha límite y el grupo ha tenido que ajustar la fecha límite o trabajar en las responsabilidades de esta persona porque el tiempo ha sido manejado inadecuadamente.

Tabla para evaluar trabajo colaborativo (*continuación*)

Categoría	4	3	2	1
Actitud	Nunca critica públicamente el proyecto o el trabajo de otros. Siempre tiene una actitud positiva hacia el trabajo.	Rara vez critica públicamente el proyecto o el trabajo de otros. A menudo tiene una actitud positiva hacia el trabajo.	Ocasionalmente critica en público el proyecto o el trabajo de otros miembros del grupo. Tiene una actitud positiva hacia el trabajo.	Con frecuencia critica en público el proyecto o el trabajo de otros miembros del grupo. A menudo tiene una actitud positiva hacia el trabajo.
Resolución de problemas	Busca y sugiere soluciones a los problemas.	Refina soluciones sugeridas por otros.	No sugiere o refina soluciones, pero está dispuesto a tratar soluciones propuestas por otros.	No trata de resolver problemas o ayudar a otros a resolverlos. Deja a otros hacer el trabajo.
Orgullo	El trabajo refleja los mejores esfuerzos del estudiante.	El trabajo refleja un esfuerzo grande por parte del estudiante.	El trabajo refleja algo de esfuerzo por parte del estudiante.	El trabajo no refleja ningún esfuerzo por parte del estudiante.
Preparación	Trae el material necesario a clase y siempre está listo para trabajar.	Casi siempre trae el material necesario a clase y está listo para trabajar.	Casi siempre trae el material necesario, pero algunas veces necesita instalarse y se pone a trabajar.	A menudo olvida el material necesario o no está listo para trabajar.

Metacognición

1. ¿Puedes explicar las funciones del lenguaje en un texto expositivo tomando la información de tu entorno? Justifícalo.

2. ¿Distingues las características internas y externas de los textos expositivos? Justifícalo.

3. ¿Puedes redactar un texto expositivo aplicando adecuadamente las funciones del lenguaje que predominan en éstos? ¿Por qué?

   a) Posteriormente redacta tu receta de cocina favorita, captúrala y guárdala en tu portafolio de evidencias de informática con todas las recetas de cocina elaboradas por los estudiantes. Se deberán reunir las recetas de todo el grupo para elaborar un recetario de cocina electrónico.

   b) Redacta una biografía de alguien que quieras o admires aplicando adecuadamente las funciones del lenguaje que predominan en los textos expositivos.

Bloque IX

CLASIFICA LOS TEXTOS EXPOSITIVOS

- Conoce la clasificación de los textos expositivos.
- Reconoce las características de los textos históricos: monografía y biografía.
- Reconoce las características de los textos periodísticos: noticia, crónica, reportaje y entrevista.
- Comprende las características de los textos escolares.
- Reconoce las etapas necesarias para elaborar un reporte de investigación: planeación, uso de instrumentos de investigación, organización de esquemas, exposición escrita y oral con recurso.

Bloque IX

Clasifica los textos expositivos

Unidad de competencia

Practica los distintos tipos de textos expositivos para reproducir ideas o conceptos que le permitan expresarse y comunicarse de forma clara en los ámbitos personal, familiar, escolar, social y cultural.

Atributos de las competencias genéricas

4.1 Expresa ideas y conceptos mediante representaciones lingüísticas, matemáticas o gráficas.

4.2 Aplica distintas estrategias comunicativas según quienes sean sus interlocutores, el contexto en el que se encuentra y los objetivos que persigue.

4.3 Identifica las ideas claves en un texto o discurso oral e infiere conclusiones a partir de ellas.

5.1 Sigue instrucciones y procedimientos de manera reflexiva, comprendiendo cómo cada uno de sus pasos contribuye al alcance de un objetivo.

6.2 Evalúa argumentos y opiniones e identifica prejuicios y falacias.

6.4 Estructura ideas y argumentos de manera clara, coherente y sintética.

7.3 Articula saberes de diversos campos y establece relaciones entre ellos y su vida cotidiana.

8.2 Aporta puntos de vista con apertura y considera los de otras personas de manera reflexiva.

10.2 Dialoga y aprende de personas con distintos puntos de vista y tradiciones culturales mediante la ubicación de sus propias circunstancias en un contexto más amplio.

Actividad de inicio

1. Antes de iniciar este bloque se le solicita al estudiante que traiga al aula recortes de textos periodísticos.
2. Se pide al grupo que peguen el recorte de texto en las hojas de rotafolios que el profesor previamente pegó en la pared.

A continuación responde a las siguientes cuestiones:

1. ¿Identificas las características de los textos expuestos en el aula?
2. Escribe el nombre de alguno de ellos.

Para finalizar el bloque, se les pide que conformen un proyecto de Álbum electrónico con ejemplos de los textos expositivos vistos en el *blog*.

9.1 Conoce la clasificación de los textos expositivos

TEXTOS EXPOSITIVOS	Históricos	Monografía	Es un estudio específico y delimitado acerca de un tema determinado. Requiere una amplia investigación.
	Escolares	Biografía	Es una descripción amplia de la vida y obra de un personaje.
		Reseña descriptiva	Aborda el contenido y la forma de un libro, película o evento.
		Reporte de investigación	Presenta en forma estructurada el informe del resultado de una investigación.
	Periodísticos	Informativos	**Reportaje:** Presenta información amplia y profunda de un tema.
			Entrevista: Diálogo entre dos personas, el entrevistado y el entrevistador, con la finalidad de dar a conocer opiniones, comentarios o juicios de un suceso.
			Nota informativa: Proporciona información sobre un hecho de interés social y de trascendencia.
		De opinión	**Editorial:** Expone una interpretación personal de un tema.
			Artículo: Exposición de un tema en el que están presentes opiniones y juicios del periodista.
		Híbridos	**Columna:** Texto que aparece en una sección y con periodicidad fijas, un nombre permanente y firmada por su autor, quien informa, comenta, interpreta o analiza uno o varios asuntos de interés colectivo.
			Crónica: Narración pormenorizada y secuencial de un acontecimiento, relatada en orden cronológico.

9.2 Reconoce las características de los textos históricos

La monografía

Como recordarás, la historia es el conjunto de sucesos, hechos o manifestaciones de trascendencia en los cuales han participado el hombre y la sociedad a lo largo del tiempo, por lo cual los textos históricos que describen o narran tales acontecimientos donde ha participado el ser humano de manera individual o colectiva son los escritos.

- Observa y lee con mucha atención el siguiente texto, posteriormente coméntalo con el resto de los miembros del grupo.

Los mayas

El origen de los mayas

Los antiguos mayas estaban convencidos de que sus primeros padres llegaron del Norte "Xaman" en una barca, luego de escapar de un gran deshielo producido en un continente muy lejano. Por eso *temblaban de frío cuando pisaron el Yucatán, donde encontraron el benigno calor que tanto necesitaban*. Este calor les llegó por medio del Sol, el cual, muy pronto, les permitió conseguir el fuego. Como muestra de agradecimiento lo convirtieron en el dios que calienta, que les había redimido.

En el *Códice de París o de Pérez*, ya que fue dedicado a la memoria de Juan Pío Pérez, se puede leer esta impresionante historia:

Bolon ti Ku fue quien hizo aparecer el monstruoso lagarto, para que acabase con los seres vivientes del mundo. De pronto, se hundió el cielo y rugió Oxlahun Ti Ku. De esta manera surgió un cataclismo de fabulosas proporciones, que tuvo su fin al levantarse el lagarto monstruoso (el mar). Esto sucedió con el último de los Katunes. Además, con su diluvio estuvieron a punto de acabarse todos los tiempos; sin embargo, Bolon ti Ku cambió de decisión. Cortó la garganta al monstruo; y de esta manera una parte del mundo sobrevivió para que se formara el Petén (la actual península de Yucatán).

...Cuando Oxalahun ti Ku y los suyos se vieron a salvo, hicieron fuego y, después, buscaron piedras y palos. Con el paso del tiempo consiguieron labrar la madera y la piedra. También seleccionaron retoños y consiguieron gruesas pepitas de calabaza, que envolvieron antes de subir a la montaña. Una vez lograron llegar a la cima, tomaron asiento. Desconocían que esas semillas iban a proporcionarles su comida futura.

Súbitamente, Bolon ti Ku continuó su destrucción, al sepultar bajo las olas del mar, sin piedad, a los malos hijos e hijas que se encontraban en la playa. Con este nuevo cataclismo se transformó la rosa de los vientos y se hundieron el cielo y la tierra ...

En este fragmento de la mitología maya nos encontramos con referencias a los cataclismos que en Asia, o en otros continentes, obligaron a las tribus a desplazarse hasta el noroeste, para llegar al continente americano a través del estrecho de Bering. También hay una cierta similitud con el diluvio universal, pero introduciendo la variante de que Oxalahun ti Ku, que sería Noé bíblico, en lugar de salvarse en una arca lo hace subiendo a lo alto de una montaña ...

Scott Carter. *Los mayas*,
España, Edimat Libros, 2003, p. 23.

¿Lo reconoces? ¿Recuerdas qué tipo de texto es? ¿Qué características tiene? ¿Has utilizado alguna vez este tipo de textos? ¿En qué asignaturas?

Considera el contenido de la lectura del texto anterior para contestar:

a) ¿Qué es?

b) ¿Cómo es?

c) ¿De qué trata?

d) ¿Cuáles son sus características?

e) ¿Cuál es su origen?

f) ¿Cuál es su estructura?

g) ¿Para qué sirve?

- Toma como base las respuestas de todos los miembros de tu equipo y la explicación de tu profesor para construir tu concepto de monografía; anótalo en la siguiente estructura de un *mapa conceptual* (adécualo a tus necesidades).

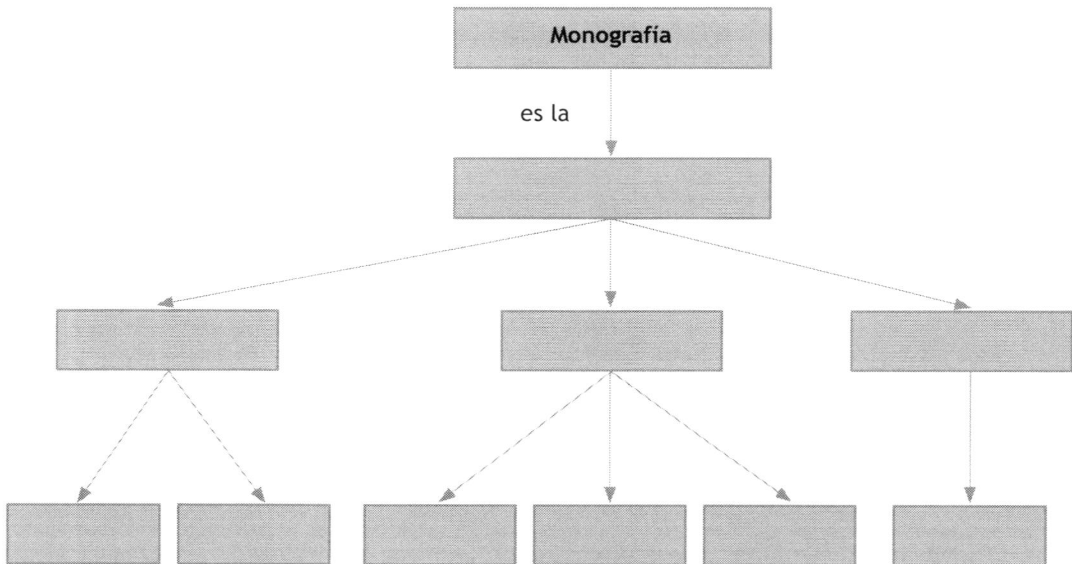

Para complementar tu concepto de monografía, a continuación te damos más datos sobre este tipo de texto.

La **monografía** es la descripción de un tema o tópico, el cual comúnmente sigue un orden lógico a partir de una selección de datos y aspectos esenciales, que un investigador o especialista da a conocer de acuerdo con su intención comunicativa.

Características de la monografía

1. Trata temas diversos y variados.
2. Destaca aspectos básicos previamente seleccionados, de acuerdo con criterios diversos.
3. Se apoya en una bibliografía base que la sustenta.
4. Contesta las preguntas elementales del conocimiento objetivo: *¿qué es?, ¿cómo es?, ¿cuál es su utilidad?, ¿cuál es su origen?, ¿cómo está constituida?*
5. Su estructura contiene tres partes o etapas: *introducción, desarrollo* y *conclusión*.

Para la construcción de una monografía, debes considerar los siguientes pasos o normas básicas:

a) *Delimitar el tema*. Elige un tópico considerando las preguntas de la forma elemental del conocimiento de un objeto; para ello, parte de una pregunta base: ¿qué deseo saber respecto del tema?

b) *Guión o esquema de trabajo*. Enumera los aspectos que vas a desarrollar, por medio de una técnica de punteo; considera que tu investigación consta de tres apartados: *introducción*, *desarrollo* y *conclusión*.

c) *Recopilación de la información*. Busca la información en textos especializados, institutos o bibliotecas; utiliza, para ello, estrategias de aprendizaje y de lectura; también, apoyáte en instrumentos de investigación documental como fichas bibliográficas y de trabajo.

d) *Redacción del texto*. Debes construir tu monografía de acuerdo con lo que deseas comunicar; no olvides que tienes que utilizar un lenguaje apropiado, cuidando la coherencia, la concordancia y los elementos lingüísticos, los cuales habrán de estar acordes con la investigación realizada.

e) *Corrección y forma*. Revisa tu texto, corrígelo y dale forma; ponle título, subtítulos, apartados; ilústralo con imágenes, fotografías, diagramas o gráficas; anota las referencias y la bibliografía de las fuentes consultadas.

No olvides que todo trabajo de investigación debe contener una presentación adecuada.

Presentación de la monografía

Elabora una carátula con tus datos escolares, un índice de contenido con la numeración de las páginas; luego, al final de la investigación, coloca la bibliografía de las fuentes y referencias consultadas. Por último, firma como autor de la monografía.

- Con el apoyo de tu profesor, complementa la siguiente *línea del tiempo*; debes indicar los pasos o las normas básicas para elaborar una monografía.

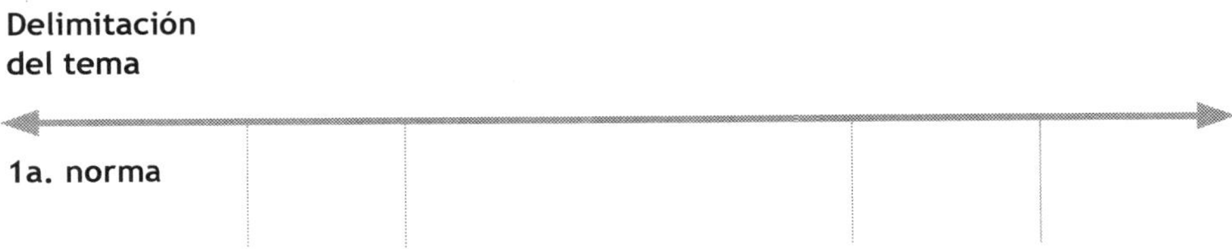

A continuación, explica en qué consiste cada norma básica para la construcción de una monografía:

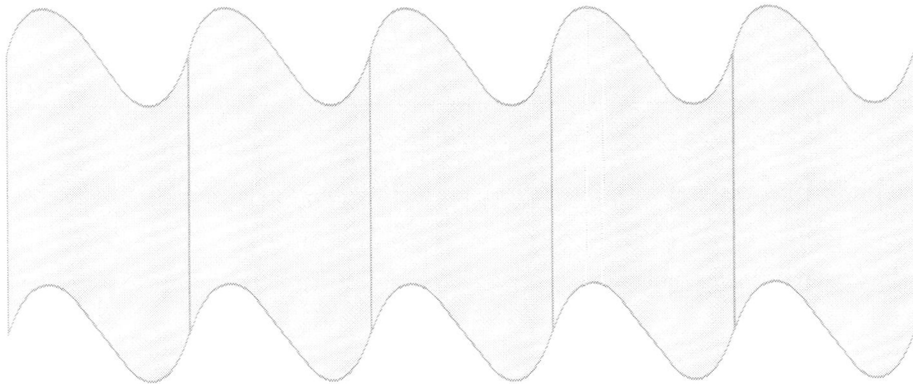

- Busca un ejemplo de monografía sobre ciencia, historia, cultura o literatura; pégala o transcríbela en tu cuaderno y contesta:

1. ¿Por qué se le llama monografía? ______________________________

2. ¿Qué características tiene? ______________________________

3. ¿Cuál es su índice de contenido? ______________________________

4. ¿Qué tema trata? ______________________________

5. ¿Cuál es su estructura o qué partes la conforman? ______________________________

6. ¿Qué apoyos gráficos contiene? ______________________________

7. ¿Cuál es su función o utilidad? ______________________________

1. ¿Para qué es útil conocer la estructura de una monografía?
2. ¿Por qué es importante que conozcas los pasos o fases para elaborar una monografía?

- Con la participación de todos los miembros de tu equipo, contesta las siguientes preguntas: ¿Qué entiendes por monografía? ¿Qué normas debes seguir para su elaboración?

- Considera lo que recuerdas sobre el tema y la explicación de tu profesor mediador, para elaborar una monografía científica o literaria, de acuerdo con los siguientes pasos:

  1. Delimitación del tema.
  2. Elaboración del guión o esquema de trabajo.
  3. Recopilación de información.
  4. Redacción del texto.
  5. Correción y forma.
  6. Presentación.

- Luego de considerar las preguntas elementales del conocimiento objetivo (*¿qué es?, ¿cómo es?, ¿cuál es su utilidad?, ¿cuál es su origen?, ¿cómo está constituido?*), delimita el tema de tu monografía y explica por qué elegiste tal tema.

Después, por medio de una técnica de punteo, elabora un esquema básico o una guía donde describas brevemente cada aspecto que desarrollarás en tu monografía.

1.
2.

3. ______________________________

4. ______________________________

5. ______________________________

- Con apoyo de tu profesor, construye una *matriz de doble entrada*, donde expliques los pasos o las normas que seguirás en la elaboración de la monografía.

Norma o paso	Procedimiento (explicación)
Tema:	
Puntos de tu guión o esquema:	
Fuentes y centros de información consultados:	
Información seleccionada:	
Redacción de la investigación:	
Presentación de la monografía:	

- Reúnete en *binas* y tomando como base la matriz anterior, construyan la monografía de un tema de ciencia o tecnología; ilústrenlo y expónganlo ante los demás miembros del grupo.

1. ¿Qué aprendiste sobre la elaboración de una monografía?
2. ¿Para qué te sirve saber elaborar una monografía?

La biografía

- Lee cuidadosamente el texto siguiente junto con un compañero y comenten las características y el contenido del mismo.

Figura 9.1

Ana Gabriela Guevara
(Fragmento)

En pocos años, Ana Gabriela Guevara ha logrado consolidarse como una de las máximas figuras del atletismo mundial.

"Ana Gabriela mostró inclinación hacia el deporte desde la primaria, pero no tenía un maestro de Educación Física, aunque en secundaria y preparatoria representó a su escuela jugando básquetbol", relató Ana María Espinosa, madre de Ana Gabriela.

El entrenador cubano Luis Betancourt la observó y la seleccionó para integrar el equipo de Nogales de básquetbol, conjunto con el que ganó el Campeonato Estatal frente al Instituto Tecnológico de Sonora, en lo que fue el inicio de una etapa de grandes satisfacciones y éxitos.

Su ingreso al atletismo se dio de manera circunstancial en 1996, ya que por su edad no podía continuar integrando el equipo de básquetbol de su estado natal. Este hecho lejos de representar una barrera se convirtió en un nuevo reto, el cual, conforme han pasado los años y ha logrado enormes hazañas deportivas, cada día es mayor, pero de igual forma ha sido capaz de escribir una historia única en el deporte mexicano.

Una alumna segura de sí misma

En la escuela, aunque no fue la más aplicada, siempre se mostró segura de lo que decía y en lo que creía. Carlos Basurto, maestro de Ciencias Sociales de Ana Gabriela en la preparatoria del Centro de Estudios Interdisciplinarios de la Frontera, la describió como una estudiante simpática que se caracterizó por ser muy específica en sus participaciones.

"Era una alumna seria que daba su opinión sin titubeo, le gustaba mucho juntarse con sus amigos y platicar en algún lugar del patio. En tiempo de competencias no podía venir a clases, pero cuando regresaba de inmediato se ponía al corriente", destacó Basurto, con quien mantiene contacto frecuentemente.

Aparte del deporte, entre las cosas que más le gusta hacer es cantar acompañada con la guitarra por su padre, César Octavio, con quien entona canciones románticas y boleros.

"Algún día tengo que aprender a tocar la guitarra, no quito el dedo del renglón es una inquietud desde chica, pero por falta de tiempo no he tomado clases", comentó la hoy medallista mundial en los 400 metros [...]

Inquieta desde pequeña

La infancia de Ana Gabriela fue como la de cualquier niña. Junto con sus hermanos Azalia, César, Daniela y Jaime, se reunía por horas con sus amigos a jugar.

"Por ser la mayor siempre ha estado al pendiente de lo que sucede con sus hermanos", platicó, Azalia, hermana de Ana Gabriela.

"En una ocasión me acuerdo que estando muy chicas, como de 8 y 9 años, unos niños me estaban molestando y Gaby llegó para defenderme, les pegó y ya no volvieron a molestarme", recordó con una sonrisa.

La vida familiar es muy importante para Ana Gabriela y disfruta cada oportunidad que tiene para convivir con sus padres, hermanos y su pequeña sobrina.

Y aunque intenta reunirse frecuentemente con sus seres más queridos, la distancia a veces es un factor que representa algunos sacrificios en su carrera deportiva, pero las cosas parecen ser más fáciles con el apoyo de su familia y amigos, quienes han sido testigos del fulgurante desarrollo de una estrella: Ana Gabriela Guevara.

www.esmas.com/deportes/biografías/340207.html

- Enumera las características más sobresalientes que hayan detectado y coméntenlas con los miembros del grupo.

- Analiza detenidamente la lectura anterior y contesta.

1. ¿Cuál es la función de la lengua que predomina?

2. ¿Existe un orden cronológico de los acontecimientos? ¿Por qué?

3. ¿Qué persona utiliza el autor para referirse al personaje?

4. ¿Qué datos del personaje aporta el texto?

- Con las características enumeradas de la lectura anterior construye un *mapa cognitivo de nubes* del tema biografía.

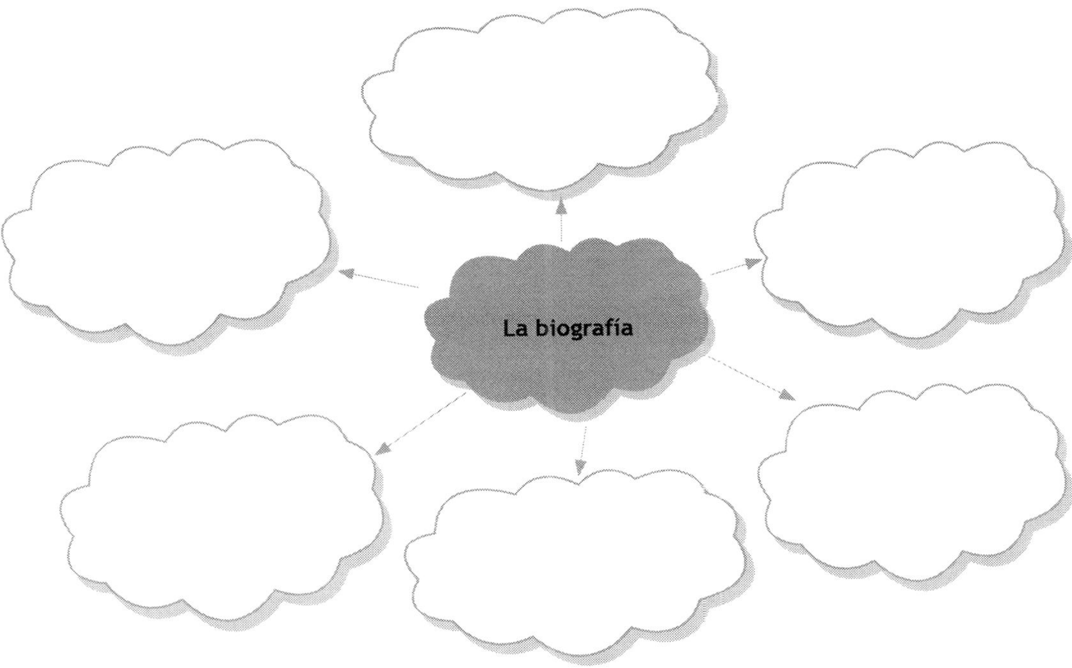

En seguida te presentamos más información sobre la biografía y su estructura de construcción.

La **biografía** es la historia de vida de un personaje de interés común o sobresaliente en cualquier ámbito.

Las biografías son una fuente de información para ti y los miembros de tu equipo, ya que en ellas es posible encontrar datos confiables para elaborar un trabajo de investigación.

Para construir una biografía debes considerar los siguientes pasos o fases:

1. **Investigación de datos:** recopila información de un personaje de interés común o sobresaliente en algún ámbito.
2. **Ordenar la información:** clasifica y ordena la información que se tenga sobre el personaje, historia de su vida, la época, los lugares donde vivió, las anécdotas, las memorias y los premios que ha recibido, entre otros aspectos.
3. **Esquema o guión:** elabora un esquema con el cual consideres las partes o la estructura de la biografía: *introducción*, *desarrollo* y *conclusión*.
4. **Redacción:** desarrolla la biografía considerando las distintas formas literarias que conoces: *narración*, *descripción*, *exposición* y *diálogo*. Procura seguir un orden cronológico al escribir, pero con estilo libre; para ello, toma, en cuenta comentarios, anécdotas o sucesos de interés del personaje.
5. **Revisión:** revisa minuciosamente tu trabajo, corrígelo y dale forma.
6. **Elección del título:** elige un título que llame la atención del lector y, si es posible, ilustra tu trabajo con imágenes del personaje.

- Con la ayuda de tu profesor construye un *mapa cognitivo de categorías* que contenga las fases o los pasos para la elaboración de una biografía.

- Con base en las fases o los pasos anteriores, construye una pequeña biografía de tu compañero o compañera que más conozcas; documéntate por medio de entrevistas, charlas, anécdotas o comentarios relevantes respecto de ella o él.

1. ¿Es importante que conozcas el estudio histórico de la vida de un personaje? ¿Por qué?
2. ¿Para qué te es útil una biografía en tu vida diaria escolar?

- Con la participación de todo tu grupo, recuerda qué es una biografía y cuáles son sus características principales; luego, con una técnica de punteo enumera las ideas principales.

  - ....
  - ....
  - ....
  - ....
  - ....

- Elabora la biografía de un personaje destacado en el deporte, la cultura, la política, la ciencia o los espectáculos de tu localidad; para ello, toma como base los pasos siguientes:

  a) Investigación de datos.
  b) Orden de la información.
  c) Esquema o guión.
  d) Etapas o partes: introducción, desarrollo y conclusión.
  e) Redacción.
  f) Orden cronológico.
  g) Revisión, corrección y forma.
  h) Elección de un título.

- Considera las fases para la elaboración de una biografía, luego explica con tus propias palabras, en un *diagrama de secuencias*, los pasos que seguiste en la construcción de la biografía.

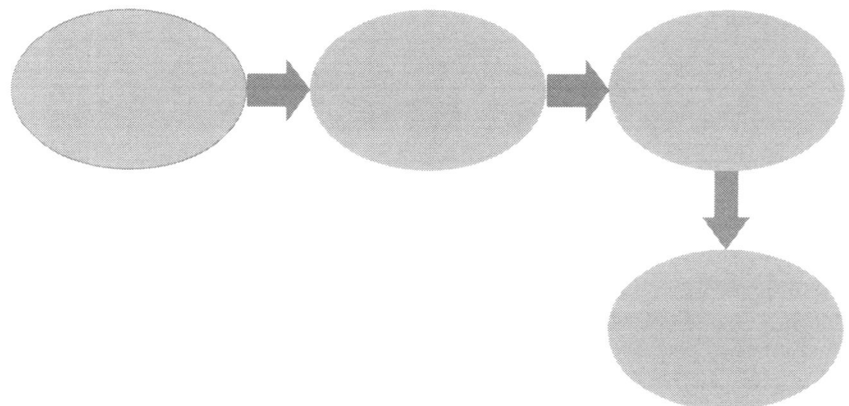

- En un *mapa cognitivo de cajas*, señala en qué consisten cada una de las partes o etapas de la estructura de una biografía.

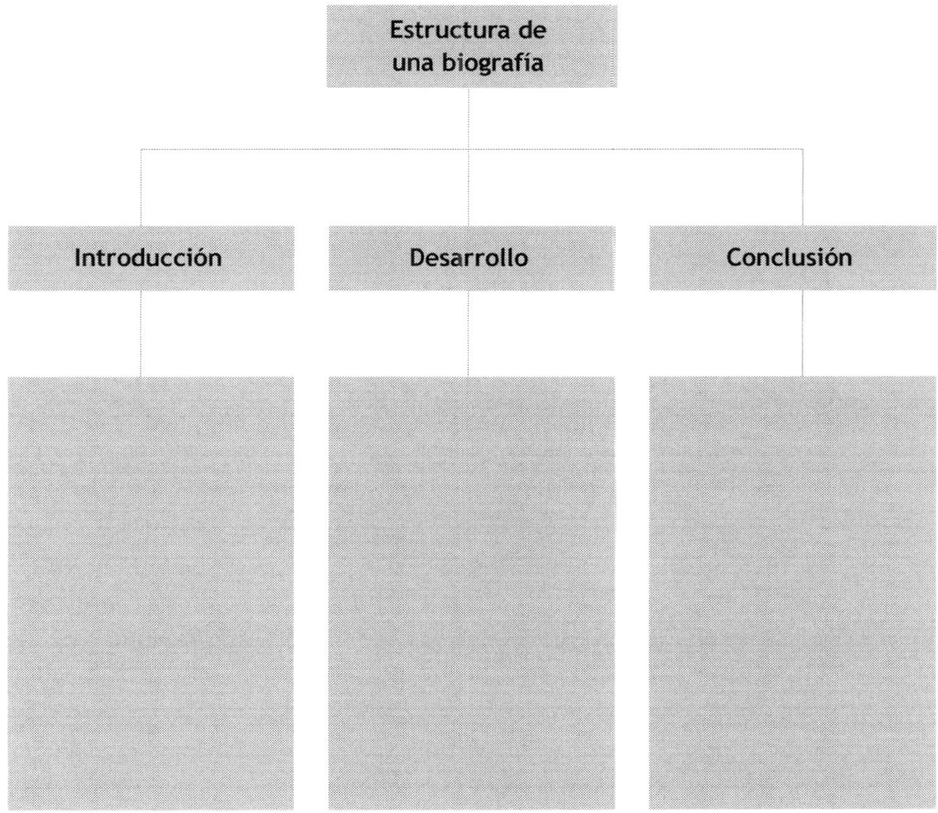

- Recopila datos de personajes que admires por sus destrezas, habilidades o conocimientos en los ámbitos social, cultural o científico, luego realiza las siguientes actividades:

1. Tomando como base los datos investigados, elige el personaje que te provoque mayor impacto e interés; posteriormente, ordena la información que tengas de él.
2. Prepara un esquema o guión donde consideres las partes o la estructura de la biografía: *introducción*, *desarrollo* y *conclusión*.
3. Redacta tu biografía considerando las distintas formas literarias que conoces: *narración*, *descripción*, *exposición* y *diálogo*.
4. Procura seguir un orden cronológico al redactar, pero con estilo libre; toma en cuenta comentarios, anécdotas o sucesos de interés del personaje.
5. Revisa, corrige y dale forma a tu trabajo.
6. Elige un título que llame la atención del lector y, si es posible, ilustra tu trabajo con imágenes del personaje.

1. ¿Es importante que sepas elaborar una biografía? ¿Por qué?
2. ¿Qué aprendiste al elaborar una biografía?
3. ¿Qué aspectos te parecieron más relevantes del personaje sobre quien escribiste?

9.3 Reconoce las características de los textos periodísticos

Todo ser humano posee la necesidad innata de comunicarse, de saber respecto de otros, de informarse de todo aquello que acontece a su alrededor, de dejar huella de su existencia.

Los primeros vestigios de la existencia del ser humano se remontan a las pinturas rupestres, a las imágenes de grabado o surco, a los jeroglíficos, a la escritura cuneiforme, a las figuras simbólicas, a los sistemas gráficos de comunicación, a la escritura ideográfica hasta la creación del alfabeto por los fenicios.

Los medios impresos o textos periodísticos surgen como consecuencia de esta impetuosa necesidad de que permanezca todo hecho o suceso en el que participa el hombre.

MILENIO

MÉXICO

Paran tres minas por inseguridad

Proyecto económico

Pide AMLO a la IP no temerle

El EPR quiso matar a Zedillo

Figura 9.2

- Por medio de una *lluvia de ideas* y con la mediación de tu profesor, contesta las preguntas exploratorias siguientes:
  - ¿Qué es un texto expositivo?
  - ¿A qué se le llama prensa?
  - ¿Qué es un periódico?

- Lee detenidamente la siguiente información.

Alrededor del lenguaje

Representan dualidad de la identidad nacional

Ciudad de México. La dualidad que acecha al pintor méxico-americano José Antonio Aguirre, quizá sea la de un gran número de compatriotas: "Esa sensación de no saber si perteneces al lugar donde naciste".

No sólo en Estados Unidos, en México son cientos los que despiertan cada día con la resaca de sentir que lo folclórico de su identidad les es ajeno.

En busca de esas coincidencias, el artista plástico erigió el mural-tríptico "Dualidad", que será develado el día de mañana en la UAM Azcapotzalco.

La obra, cuya primera parte de la conmemoración del 30 aniversario de la institución académica, funge como una especie de autorretrato, "basado en la circunstancia dual que lleva a muchos a emigrar", así como por esas otras que identifican a lo mexicano: el sol y la luna, el día y la noche, la vida y la muerte.

"Quise retomar al muralismo para reflejar esa sensación de que, inmerso en la globalización, no perteneces a nada. Me defino como uno de los mejores ejemplos de la asimilación globalizada, pero me preocupa el problema de la identificación: El que diluyas tu imagen en un común denominador".

El tríptico, "encausado en el ancla de lo mexicano", es un gran rompecabezas de un dios huichol, realizado a mano con la ayuda de estudiantes de la Universidad Autónoma Metropolitana, bajo la técnica del mosaico bizantino, una de las más antiguas conocidas y que ha sido plasmada en obras como la fechada del Teatro de los Insurgentes o la Biblioteca Central de la UNAM, en la Ciudad Universitaria.

A decir del artista plástico, no ha sido fácil concretar este proyecto surgido en 1992: "Por aquella época comenzaron a platicar sobre la idea de ponerle color a esta universidad, porque aunque este es un *campus* muy bonito no tiene color, desafortunadamente vino la crisis del 94 y todo quedó suspendido. Posteriormente, en el 96, se retomó la idea, sólo que no hubo posibilidad porque la administración pasada estaba de salida.

"Fue hasta el año pasado, cuando vine a exponer la colección de 'La virgen de califas' —una especie de minirretrospectiva de la virgen de California (no del califato)—, que surge la necesidad de hacer una obra en el exterior como parte de mi compromiso por donar una obra a la universidad.

"Una vez terminado, se decidió ponerlo en la ubicación actual, pero me di cuenta que no me gustó, porque la pared tiene mucho más potencial que el muralito, por ello decidimos hacer para este año un tríptico que abarque toda la pared".

Como una manera de incluir a la comunidad universitaria, las autoridades de la UAM y el pintor crearon un taller dirigido a estudiantes que se llevó a cabo en el lugar más céntrico de la institución...

Con estudios en la Universidad de Ilinois y en el California Institute of the Ats, José Antonio Aguirre es uno de los artistas plásticos méxico-americanos más representativos de Estados Unidos. Actualmente funge como coordinador y promotor cultural en la ciudad de Los Ángeles, California...

"La Cultura" en *Unomásuno*, miércoles 9 de noviembre de 2005.

Considerando lo leído, contesta las siguientes preguntas:

- ¿De qué tipo de texto se trata? ____________________
- ¿A qué género periodístico se refiere? ____________________

- ¿Cuáles son las características que lo constituyen? ____

____

____

____

____

- ¿Cuál es su periodicidad? ____

Con las ideas y opiniones que aportaste en la *lluvia de ideas* construye un *mapa cognitivo tipo sol* acerca de la prensa.

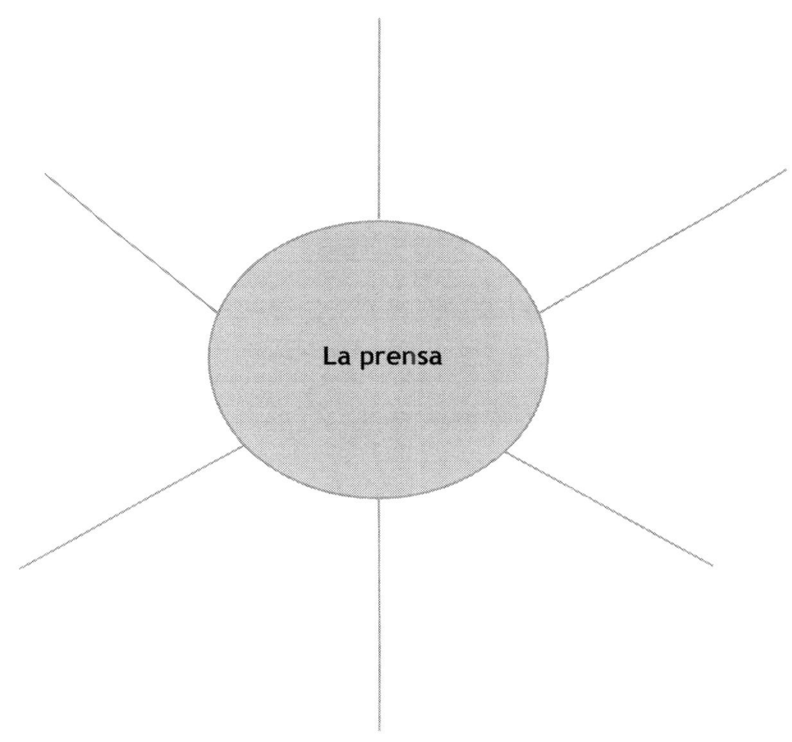

Como complemento a lo recordado y construido por los miembros de tu equipo, a continuación reforzamos tus contenidos con la siguiente información de los textos periodísticos y su estructura.

Lee con detalle para que puedas ampliar tus conocimientos respecto de este tipo de textos.

La prensa: Es el medio periodístico impreso que difunde mensajes mediante el uso de la imprenta, papel, tinta o de la tecnología actualizada. Cuyo objetivo es dejar testimonio de algún suceso, hecho o acontecimiento relevante, que permanezca en la memoria del hombre.

El periódico: Es un medio impreso de comunicación masiva que aparece en espacios regulares de tiempo y con una periodicidad determinada. Tiene como objetivo primordial informar sobre los sucesos o hechos relevantes en los ámbitos nacional o internacional. Su contenido lo componen géneros informativos y de opinión.

Textos periodísticos

En su *Manual de periodismo*, Vicente Leñero asegura que los géneros periodísticos se diferencian entre sí por su carácter informativo, interpretativo e híbrido.

Atendiendo estas diferencias y las características que los distinguen, abordaremos los géneros periodísticos a través de tres vertientes de contenidos: *informativos*, *de opinión*, *interpretativos* e *híbridos* o *mixtos*.

- Lee con atención el siguiente texto expositivo; luego, analiza su contenido y coméntalo ante el grupo.

Yo, campesino

Miguel Ángel Rocha Valencia

Pobreza no es de coyuntura

Ahora queda claro que otorgar el voto a los mexicanos en el extranjero fue una iniciativa que además de costosísima resultará inútil y traerá más problemas que beneficios.

Por principio de cuentas y no obstante lo que se diga, el gasto de casi dos millones de pesos para capturar el voto de quienes se fueron del país con la intención de no volver, es un lujo que sólo engorda nuestra carísima democracia, mientras aquí, en México, hace falta inversión precisamente para generar las condiciones de vida, educación, empleo y productividad [...]

En este mismo espacio además y podría criticarse por pragmático, comentamos que quienes se van del país con la intención de hacer una nueva vida en otro país, pierden residencia e interés en los problemas que dejan atrás y, por consiguiente, poco les ha de importar lo que ocurra en su país de origen.

Incluso, cómo tomar en cuenta la opinión de quienes no tienen un domicilio fijo o legal en Estados Unidos. Si aquí se cuestiona la legitimidad de muchos votos, cómo hacerle con los que están afuera.

Desde luego, dará pie a muchas quejas, acusaciones y además que pondrán en duda la elección.

De plano, aun antes de autorizarse, consideramos que sería meterse en "camisa de 11 varas", además de un gasto en el cual no se puede coincidir, pues aquí las necesidades son extremas en muchas zonas del país, donde esos cientos de millones de pesos aliviarían muchas carencias, como en el caso de Chiapas, donde al menos 21 mil viviendas fueron destruidas y sus 100 mil habitantes no tienen techo ni comida...

Es más importante dar techo y de comer a 100 mil personas que propiciar el voto de quienes ya se fueron y han hecho vida en otro país. Incluso, acabar con esas fronteras estatales para acometer programas federales de reconstrucción de justicia social, redistribución del ingreso de manera selectiva, pues la pobreza no tiene límites territoriales[...]

"La política" en *Unomásuno*,
miércoles 9 de noviembre de 2005.

Haz una lista con las ideas más sobresalientes que aportaron los miembros del grupo.

1. ______
2. ______
3. ______
4. ______
5. ______

- Lee de nuevo el texto expositivo anterior y, con base en su contenido, determina lo siguiente:

a) Tipo de texto expositivo: ______

b) Género al que pertenece: ______

c) Título del texto: ______

d) Contenido del texto: ______

______

e) Tipo de información que contiene: ______

______

f) Intención del autor: ______

______

g) Nombre del autor: ______________________

h) Periodicidad: ______________________

Considerando lo leído y tomando como base las ideas principales de la comunicación participativa del grupo, construye un *mapa cognitivo de nubes* con las características de los textos periodísticos:

Los textos periodísticos se clasifican de acuerdo con su contenido en:

a) *Informativos (noticia, entrevista y reportaje)*: Son los textos objetivos por excelencia que dan a conocer la información de sucesos o hechos reales. Se caracterizan por su lenguaje discursivo, expresado en forma breve, clara, concisa y correcta en su construcción.
b) *De opinión (artículo, editorial, crítica o reseña)*: Son los géneros subjetivos con los cuales el periodista o especialista en el tema hace una interpretación dando su punto de vista personal por medio de cuestionamientos, juicios y críticas sobre un acontecimiento o hecho real, con la finalidad de orientar al lector.
c) *Híbridos (crónica y columna)*: Son los *géneros mixtos*, objetivos-subjetivos, que combinan sus formas discursivas y se apoyan tanto en textos informativos como interpretativos. Transmiten, además, información de un hecho, pero también lo analizan aportando opiniones, juicios y críticas sobre él.

- Con la ayuda de tu profesor, construye un *mapa cognitivo de categorías* de los diferentes tipos de textos o géneros periodísticos.

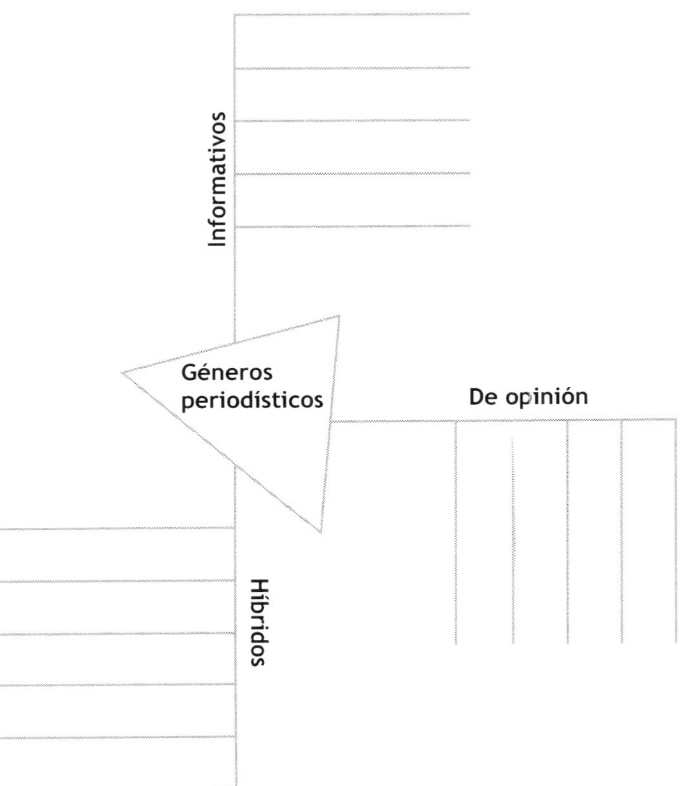

- Revisa las diferentes secciones del diario de tu preferencia y selecciona un ejemplo de cada género periodístico; posteriormente, analízalos y señala sus características:

a) Género al que pertenecen: ______

b) Clasificación: ______

c) Características del texto: ______

d) Tipo de información que contiene: ______

e) Intención del autor: ______

f) Nombre del autor (si lo tiene): ______

g) Periodicidad (si la conoces): ______

1. ¿Qué aprendiste de los géneros periodísticos?
2. ¿Qué diferencias encontraste en su contenido?
3. ¿Para qué te sirve identificar los diferentes textos periodísticos en tu vida diaria?

La noticia o nota informativa

Como recordarás, los géneros informativos son aquellas formas objetivas por excelencia que dan a conocer la información de sucesos o hechos reales; entre ellos tenemos la noticia o nota informativa, la entrevista y el reportaje.

La noticia o nota informativa es el género básico del periodismo; nutre a todos los demás géneros y tiene como objetivo primordial proporcionar información de un suceso o hecho de interés humano, actual y de trascendencia para el individuo y la sociedad.

Características de la noticia o nota informativa

La noticia es el género informativo fundamental del periodismo, debido a las características que la constituyen:

a) Su objetividad.
b) Es verdadera, actual, novedosa e interesante.
c) Comunica información de un acontecimiento, suceso o hecho verdadero.
d) Contesta a los cuestionamientos básicos: *quién, qué, cómo, cuándo, dónde, por qué*..., que constituyen los elementos contenidos en una nota, algunos de los cuales componen la entrada o *lead* de los géneros informativos.
e) Transmite e informa a la sociedad lo que sus miembros dicen o hacen.

f) Utiliza un lenguaje con formas discursivas como la exposición, descripción y narración.
g) Utiliza un lenguaje informativo conciso, claro y de correcta construcción sintáctica.
h) Su estructura está constituida comúnmente por una entrada o *lead*, un cuerpo o desarrollo y un remate o conclusión.

- En un *mapa cognitivo de cajas*, describe las partes o la estructura de una noticia.

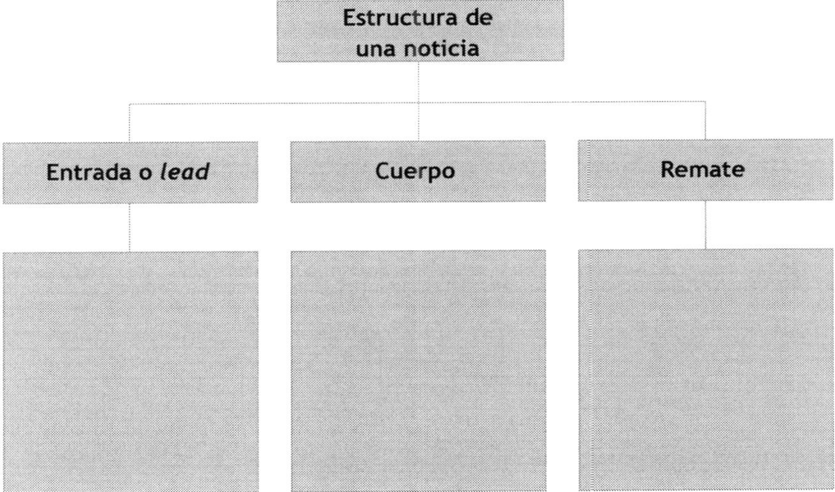

- Recorta una noticia del periódico de tu preferencia, pégala en tu cuaderno y localiza lo siguiente (escribiendo el nombre de cada parte):

En su estructura:

a) La entrada o *lead*.
b) El cuerpo de la noticia.
c) El remate o cierre de la noticia.

En la entrada o *lead*:

a) Contesta las preguntas básicas de una noticia o nota informativa:

- ¿Qué?
- ¿Quién?
- ¿Cómo?
- ¿Dónde?
- ¿Cuándo?
- ¿Por qué?
- ¿Para qué?
- ¿Con qué?

1. ¿Para qué te es funcional conocer la estructura de una noticia o nota informativa al leer una publicación periodística?
2. ¿De qué te sirvió saber como está constituida la entrada o *lead* de una noticia?

- Como recordarás, la forma más eficaz de presentar una noticia se realiza comúnmente en orden decreciente de importancia, es decir, lo más importante del suceso o hecho debe quedar en la entrada, el desarrollo en el cuerpo y lo menos importante al final. Se le conoce como *pirámide invertida*.
- A continuación, auxiliado por tu profesor, esquematiza las diferentes formas de la estructura de "pirámide invertida".

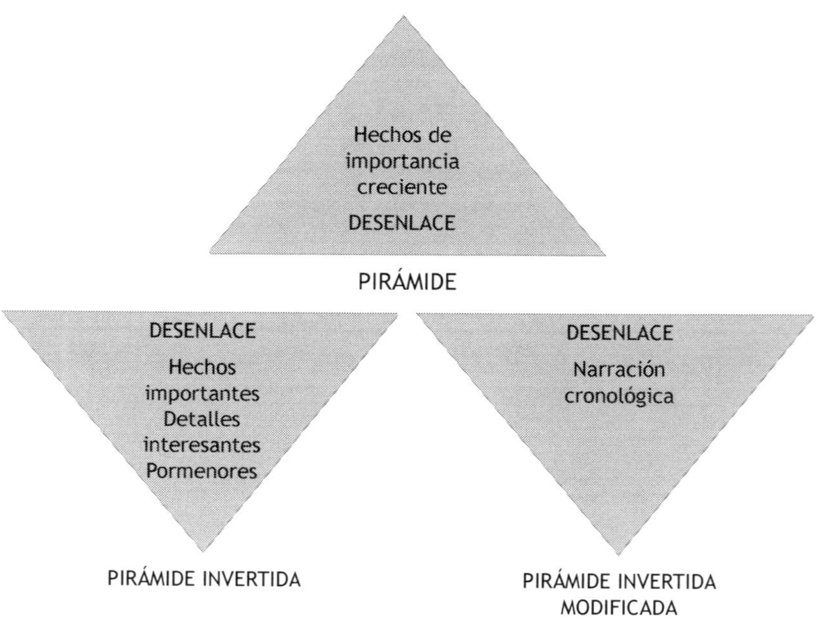

Figura 9.6

- Construye en tu cuaderno una noticia de un suceso relevante siguiendo cada una de las estructuras de la pirámide invertida; identifica los elementos que la conforman.

1. ¿Qué aprendiste hoy?
2. ¿Por qué es importante que sepas redactar una noticia?
3. ¿De qué te sirvió conocer las diferentes estructuras de una noticia?

La crónica

- Con los mismos integrantes del equipo, lee con atención la siguiente crónica; luego comenta sus características.

Mary Pierce celebra

Redacción - Ciudad de México
La sonrisa de Kim Clijsters no se había borrado desde el US Open, pero aunque le costó trabajo, Mary Pierce obtuvo su revancha y pudo quitarle la sonrisa a la belga.

En esta ocasión, Clijsters entró a la cancha del Staples Center y volvió a ver a la rival que venció en el último *grand slam* del año: Mary Pierce. Pero el primer set fue muy distinto.

La belga siguió recordando sus glorias y no pareció preocuparse porque la francesa le rompiera su saque inicial. Tal vez lo tomó un poco más en serio cuando Pierce alcanzó el segundo rompimiento.

Tres dobles faltas de la belga, dos saques *as* de la francesa, quien con un último rompimiento sentenció el primer parcial. El marcador fue de 6-1 en la pizarra y un desconcierto generalizado: Clijsters no parecía preocupada ante su actuación.

Sólo con un poco de seriedad en el gesto y pareció bastarle a la ganadora de nueve torneos este año.

Mientras la gala comenzaba su ridículo ritual acomodándose el cabello no despeinado, Clijsters conectó 10 tiros ganadores. No dejó de cometer dobles faltas, pero con su velocidad sobre la cancha no dejó que Pierce pudiera tomar el control.

Fue en el noveno juego del segundo *set* cuando la francesa tuvo una oportunidad de volver a quebrar el saque de la belga, pero apuntarse la ventaja no es suficiente. Hay que ganar ese punto. Cosa que comprendió hasta la manga definitiva, cuando ya había perdido el segundo set por parciales de 4-6.

Todo el juego era de Cijsters hasta el décimo juego, cuando estaban 5-4 a favor de la belga, y la francesa rompió el servicio de su rival. Más dobles faltas de Clijsters, quien tuvo 11 en total, exigieron todo el esfuerzo de la belga, quien tuvo un nuevo rompimiento para llevar el partido a *tie break*.

En ese momento, no había ningún gesto alegre por parte de las jugadoras. Pierce consumó su triunfo en 7-2 en la muerte súbita, para terminar sonriendo. Ahora ella pudo celebrar.

"La aflicción" en *Milenio,* miércoles 9 de noviembre de 2005.

Haz una lista de las aportaciones principales que realizaron los miembros del equipo.

____

____

____

____

____

Lee nuevamente el texto con detalle y contesta.

1. ¿A qué tipo de género periodístico pertenece? _______________
2. ¿Cuáles son las características que lo distinguen? _______________

____

____

3. ¿Qué tipo de narración es? _______________

4. ¿Qué tipo de lenguaje utiliza? ____________________

5. ¿A qué interrogantes periodísticas contesta? ____________________

____

- Considerando las principales ideas que aportaron los miembros del equipo respecto de la narración anterior y tomando como modelo dicho relato, define brevemente qué entiendes por crónica.

____

____

____

____

____

¿Lograste construir correctamente el concepto de crónica? Si no fue así no te preocupes porque a continuación te presentamos mayor información de este género, que es el antecedente directo del periodismo actual.

La crónica es la narración pormenorizada, secuencial y oportuna de un suceso actual de interés colectivo; relatada en orden cronológico a través de descripciones, observaciones, opiniones o juicios del periodista que la realiza.

La crónica se distingue por contener las siguientes características:

a) *Ser una narración*: Construye una historia cronológica de un hecho o un acontecimiento real en forma detallada.
b) *Dirigirse todo público*: Su lenguaje debe ser claro y sencillo, comprensible para el público en general.
c) *Ser oportuna*: Debe exponerse en el momento oportuno y preciso, cuando acaba de suceder el hecho.
d) *Contestar al cómo sucedió*: La crónica relata cómo sucedió un hecho o acontecimiento; de acuerdo con su estructura, puede responder a las preguntas: *qué, quién, cuándo, dónde, por qué* y *para qué*. Aunque hay casos como la crónica deportiva en la cual se intercalan comentarios y opiniones. Por eso se considera un ejemplo híbrido.
e) Se auxilia de recursos literarios y dramáticos.

La crónica es un género periodístico utilizado en todos las secciones de un periódico. Por la temática que aborda se clasifica en: *deportiva, política, social, artística* y *cultural*.

- Con el apoyo de tu profesor, construye un *mapa cognitivo de telaraña* que contenga las principales características de una crónica.

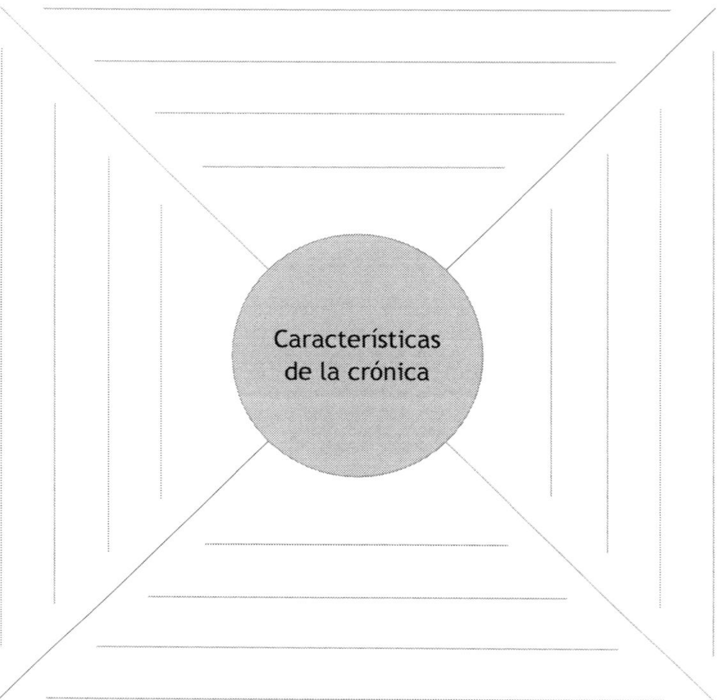

- Revisa diferentes diarios y busca un ejemplo de crónica, determinando lo siguiente:

  a) Por la temática que aborda, qué tipo de crónica es: ____________

  b) Características que la distinguen: ____________

  c) Lenguaje que utiliza: ____________

  d) ¿Cuál es la principal interrogante periodística que contesta?: ____________

1. ¿Qué tema novedoso aprendiste en la clase de este día?
2. ¿Es relevante que conozcas qué es una crónica y la estructura que la conforma? ¿Por qué?

Reportaje

- Por medio de una lectura comentada, lee conjuntamente con los miembros de tu equipo el siguiente texto.

Mérida, ciudad de la escultura
Óscar Martínez Flores

Ciudad de México.- Con el objetivo de crear el Centro Cultural Mesoamericano de Yucatán (Cecumay), que albergará el primer Museo Virtual de Escultura Mesoamericana, el primer centro de investigación especializado en ella, así como un jardín ecológico con la presentación regionalizada de la flora y fauna mesoamericanas, tanto como las obras ganadoras de cada bienal, se llevará a cabo la 1a. Bienal Internacional de Escultura Monumental al Aire Libre, organizada por la Fundación Cultural Macay, con apoyo del INBA.

La mañana de ayer se anunció la convocatoria bianual para el concurso de cinco esculturas monumentales para ser exhibidas en el Cecumay, sede de la bienal.

Este recinto —aseguró Carlos García Ponce— pretende ser sede de 50 bienales internacionales de escultura monumental al aire libre, tanto como se pretende reunir 250 obras en el recinto durante el presente siglo.

El Cecumay se asentará en 19 hectáreas ubicadas cerca de la zona arqueológica de Dzilbilchaltún, entre Puerto Progreso y la ciudad de Mérida. Se trata de un magno proyecto que busca internacionalizar a Mérida como la sede de la escultura monumental por excelencia.

Se anunció que esta bienal se hará por invitación a destacados artistas internacionales. Sus objetivos forman parte del programa "Mérida de Yucatán", Ciudad de la Escultura, homenaje permanente para que las generaciones futuras puedan apreciar el legado de la escultura prehispánica creada en Mesoamérica y la importancia de este arte en la actualidad.

La coordinadora de la bienal, Alejandra Regalado, mencionó que la inauguración de Cecumay será a principios de 2007 con la realización de la bienal. Ahí mismo, añadió, se construirá el Centro de Investigación Especializado en Escultura Mesoamericana, "lo que convertirá al Cecumay en una sede mundial para investigar en torno a la escultura".

Los promotores de este proyecto aseguraron que contribuirá a despertar la sensibilidad y creatividad no sólo del público adulto, sino de niños y jóvenes, habitantes permanentes y temporales que visitan la ciudad de Mérida.

En este lugar también se construirá un museo-tienda de arte popular y artesanal mesoamericano y el primer jardín ecológico con la presentación regionalizada de la flora y fauna mesoamericanas...

"La Política" en *Unomásuno,* miércoles 9 de noviembre de 2005.

Enumera las características esenciales que distinguen al texto.

1. ______
2. ______
3. ______
4. ______
5. ______
6. ______

- Lee en silencio el texto "Mérida, ciudad de la escultura" y contesta:

a) Tipo de texto al que pertenece: ______

b) Género: ______

c) Clasificación: ______

d) Estructura: ______

e) Tema o contenido: ______

f) Autor: ______

Considerando las características enumeradas de la lectura del texto anterior, contesta las siguientes preguntas exploratorias:

1. ¿Qué es un reportaje? ____________________

2. ¿Cuál es la estructura del reportaje? ____________________

¿Se te facilitó recordar la definición del reportaje y su estructura? A continuación te ofrecemos mayor información respecto de este tema, para que complementes tus respuestas.

El **reportaje** es el género informativo más completo que incluye a todos los demás géneros periodísticos. Tiene como objetivo primordial ampliar, complementar y profundizar una noticia por medio de la investigación, considerando los antecedentes, el desarrollo, las consecuencias y las posibles soluciones del suceso.

Características:

a) El reportaje es un trabajo de información que investiga, describe, entretiene y documenta a la vez.
b) Comúnmente va acompañado de imágenes, opiniones y comentarios objetivos y subjetivos que lo destacan sobre los demás géneros periodísticos.
c) Se apoya en noticias, entrevistas, crónicas, e inclusive en géneros literarios como el ensayo, la novela corta y el cuento.
d) Es una creación de la experiencia personal del autor, donde el periodista, a la vez que informa, hace una interpretación de los hechos.
e) Su estructura varía y se asemeja a la de un drama, una comedia, un ensayo, un cuento, una novela corta o hasta una investigación documental, de acuerdo con el asunto o tema que se va a tratar.

Tomando como base las características anteriores, el reportaje se clasifica en:

a) *Demostrativo*: Es aquel que se basa en la investigación de un acontecimiento, que plantea un problema y prueba una tesis analizando los antecedentes, la situación, las consecuencias y las posibles soluciones de éste.

b) *Descriptivo*: Es el que dibuja a través de la palabra sucesos, hechos, personas, lugares o cosas.
c) *Narrativo*: Es un relato semejante al cuento o la novela corta, que considera los tres momentos esenciales de estos géneros literarios: *planteamiento*, *argumento* y *desenlace*. Es el tipo de reportaje que relata, cuenta y describe una historia de un suceso o acontecimiento real.
d) *De entretenimiento*: Es el reportaje ameno que tiene como propósito inicial divertir y entretener al lector por medio de una narración semejante a la novela corta o a un cuento.

- Con el apoyo de tu profesor clasifica los diferentes tipos de reportaje estableciendo sus semejanzas y diferencias en una *matriz de comparación*.

Tipo de reportaje	Estructura	Características
Demostrativo		
Descriptivo		
Narrativo		
De entretenimiento		
Semejanzas		
Diferencias		
Conclusión		

- Revisa varios diarios de tu preferencia y selecciona un ejemplo de cada tipo reportaje; pégalos en tu cuaderno y clasifícalos con base en el cuadro anterior, señalando su estructura y las características que los distinguen.

1. ¿Qué aprendiste el día de hoy?
2. ¿Para qué te sirve conocer la estructura de un reportaje?
3. ¿Por qué es importante que conozcas los diferentes tipos de reportajes?

Entrevista

- Lee con atención el siguiente texto periodístico y comenta con tu grupo el contenido por medio de participaciones individuales.

Verdi es pasión por la vida: Leo Nucci
Juan Solís

El Teatro Regio di Parma ofrecerá cinco funciones de *Rigoletto* en el Auditorio Nacional

¿En qué momento el barítono italiano Leo Nucci deja de ser él mismo y comienza a ser Rigoletto?

No lo sabe. El personaje de Verdi vive en su cuerpo desde hace mucho. Están ligados, condenados a ser uno mismo en los grandes teatros de ópera del mundo.

Este 23 de noviembre, Nucci presentará su mítica versión de *Rigoletto* en el Auditorio Nacional, en la ciudad de México. Será la primera de cinco funciones que la compañía del Teatro Regio de Parma ofrecerá en el inmueble de Reforma.

Verdi en la sangre y en la memoria, en el cuerpo y en la voz, Verdi en la conciencia de un pueblo que celebra la vida porque sabe del sufrimiento, en el corazón de una ciudad como Parma, que no perdona a ruiseñores carentes de la sensibilidad necesaria para interpretar al compositor como Dios manda.

Sólo de esta manera Leo Nucci entiende al compositor italiano, y lo cuenta con jovialidad. El barítono verdiano por excelencia habla en exclusiva para **EL UNIVERSAL.**

—¿Cómo y cuándo inicia su relación con Verdi?

—Desde que nací. Soy de Boloña y en mi pueblo todo mundo cantaba. Mi abuela siempre cantaba. Nunca en mi vida estudié *La Traviatta*, *Rigoletto* o *Il Trovatore*. Cuando nací, ya las sabía. El repertorio verdiano está en mi sangre, es una tradición.

—¿ a Qué se debe que las obras de Verdi hayan arraigado tanto en el pueblo?

—No sólo en el pueblo italiano.

"Pensemos en *Nabucco,* la primera ópera de Verdi que tuvo un gran éxito. Pensemos en el gran coro que todo mundo conoce. El coro canta al unísono, la misma nota. Una locura. La razón es simple: el sufrimiento humano es el mismo en el mundo. Eso es lo que Verdi da a quien lo escucha.

"Lo que une a Italia y México es la gran pasión por la vida y eso es Verdi. Por eso seguramente el público mexicano lo ama muchísimo."

—Se sabe que el público del Teatro Regio de Parma es muy estricto con Verdi...

—Hay una anécdota. No diré nombres. Años atrás hubo una inauguración de la temporada con *La Traviatta*. La actuación del tenor fue muy criticada. A la madrugada siguiente, el tenor tomó un taxi y se marchó. Llegó a la estación del tren, bajó las maletas y el cargador le preguntó: ¿Usted es el tenor de anoche? Sí, contestó. Entonces —le respondió el otro— cargue su maleta...

—¿Nunca ha estado en México?

—No, pero esta ciudad tiene una gran tradición por los cantantes italianos. Hay una famosa *Aída* con Del Mónaco y Callas.

Por otro lado, este mes saldrá a la venta un DVD de *Elíxir de amor,* de Donizetti, donde el joven Nucci canta Belcore, al lado de Rolando Villazón y Anna Netrbko.

"He cantado muchísimo con Plácido Domingo, Francisco Araiza y Ramón Vargas. Me gusta la voz de Fernando de la Mora.

"Además, me gusta mucho la música de los mariachis. El problema [en México] es la altura. Tuve una afección en el corazón hace algunos años, pero los doctores me han dicho que puedo subir los 2 mil 300 metros sin problema. Iré a Garibaldi.

"Cultura" en *El Universal,* miércoles 9 de noviembre de 2005.

Por medio de la técnica de punteo, haz una lista con las ideas esenciales de la participación de cada uno de tus compañeros.

- ____________________
- ____________________
- ____________________
- ____________________
- ____________________

- Observa nuevamente el texto periodístico y contesta:

1. ¿A qué género periodístico pertenece el texto? ______
2. ¿Cuál es su estructura? ______
3. ¿Cuál es su tipo o clasificación? ______
4. ¿Cuál es el tema o contenido? ______
5. ¿Quién es su autor? ______

- En un *mapa cognitivo tipo sol* señala las características esenciales de una entrevista.

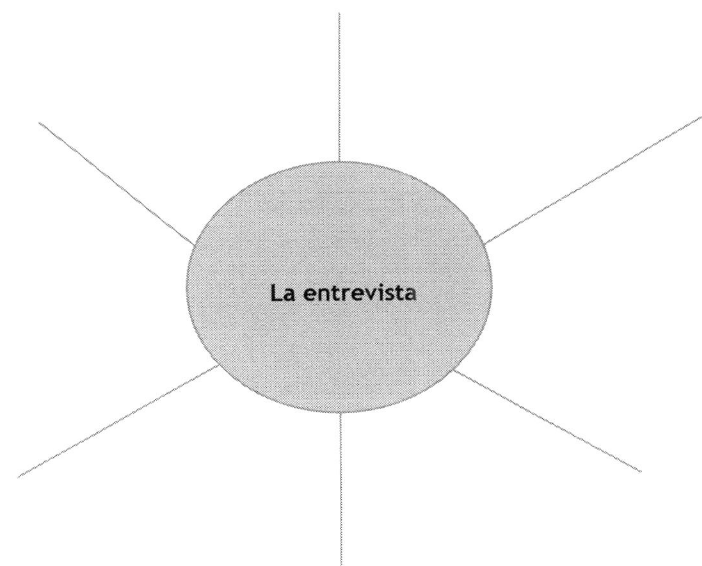

Con la finalidad de complementar los conocimientos que recuerdas respecto de una entrevista, te aportamos la siguiente información para que refuerces el tema con el apoyo de tu profesor.

La entrevista es el diálogo o la conversación que se lleva a cabo entre un entrevistador (periodista, reportero, enviado especial…) y un entrevistado, con la finalidad de dar a conocer opiniones, comentarios, interpretaciones o juicios de un suceso o hecho.

La entrevista es un recurso utilizado en todos los géneros informativos, ya que las respuestas del entrevistado producen información periodística.

Clasificación de la entrevista

Los tipos de entrevista más utilizados en el periodismo son los siguientes:

- *Entrevista informativa o noticiosa*: Es aquella que tiene como objetivo principal recoger información de un suceso o hecho, que aporta elementos informativos o que en sí misma representa una noticia.
- *Entrevista de opinión*: Es la que se basa en opiniones y juicios de un entrevistado o especialista en un tema.
- *Entrevista de semblanza*: Es aquella donde el entrevistador interpreta o describe lo que dice el personaje, haciendo un retrato físico o psicológico de éste y de sus comentarios.

En un *mapa cognitivo de agua mala*, menciona los tipos de entrevista más comunes, indicando las características que las definen.

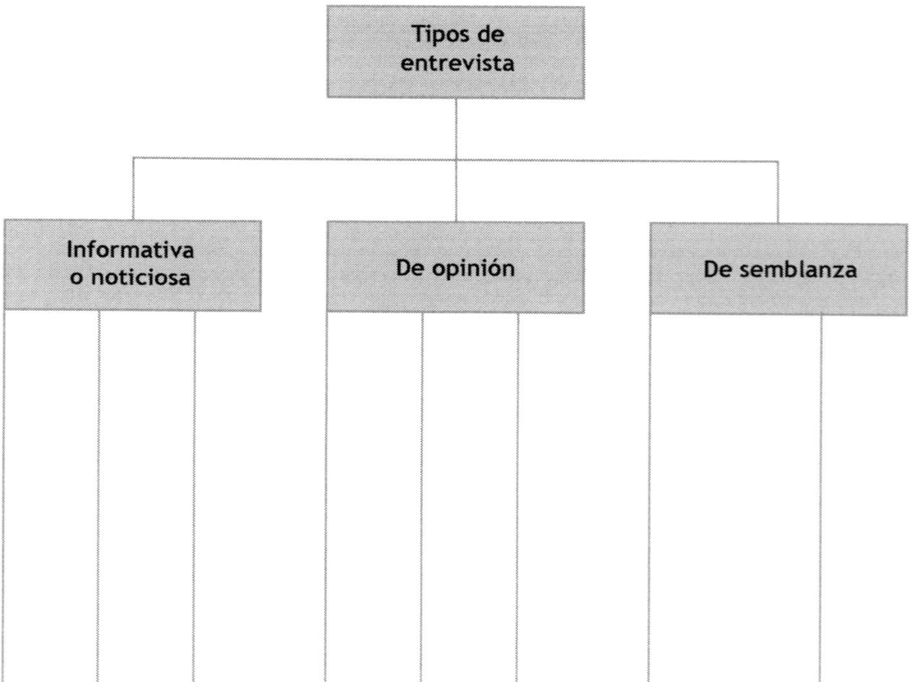

Recorta y pega en tu cuaderno un ejemplo de cada uno de los tipos de entrevistas que conociste en clase; clasifícalos (mencionando el tipo de entrevista y las características que las distinguen) y señala sus semejanzas y diferencias.

1. ¿Qué aprendiste sobre el tema de la clase de hoy?
2. ¿Para qué te sirve conocer las características de una entrevista?
3. ¿Por qué es importante que distingas los diferentes tipos de entrevistas?

9.4 Comprende las características de los textos escolares

Para recordar...

Textos personales	Tipo	Características
Agenda	Escolares	Es un cuaderno, de tamaño diverso, es anual, contiene fechas, horas días, semanas, meses. Las hay electrónicas. Emplea la función referencial de la lengua y el prototipo textual es la descripción. Propicia la organización de nuestras actividades.
Bitácora	Escolares	Generalmente es un cuaderno. Se utiliza para registrar las acciones, en forma cronológica. La función de la lengua que utiliza es la referencial, los prototipos textuales, la narración y la descripción.

Textos personales	Tipo	Características
Apuntes escolares	Escolares	Textos que contienen los datos, conceptos relacionados con una clase. Su estructura es variable, se emplean diferentes estrategias. Utiliza la función referencial de la lengua.
Cuaderno de trabajo	Escolares	Contiene los apuntes escolares, estrategias, esquemas, de una asignatura. La función de la lengua que utiliza es la referencial. Los prototipos textuales son la narración y la descripción.

9.5 Reconoce las etapas necesarias para elaborar un reporte de investigación

Reporte de investigación

- ¿Sabes qué es investigar? ¿Qué pasos o procedimientos se siguen para realizar una investigación? Con la participación de todos los miembros del grupo, responde y anota lo más destacado de lo que te compartan tus compañeros.

- Elabora el esquema de trabajo de una investigación de campo del laboratorio o bibliográfica tomando como base las etapas del proceso de investigación.

- Con base en lo recordado sobre la investigación, construye en tu cuaderno un pequeño *mapa mental* de este tema.

Con la finalidad de que amplíes la información de tu mapa mental, en seguida incluimos mayor información sobre el trabajo de investigación.

El trabajo de investigación es el proceso o metodología que se sigue para indagar datos sobre un tema o área del conocimiento.

Para realizar un trabajo de investigación debes seguir las siguientes etapas o fases:

a) Selección del tema.
b) Delimitación del tema.
c) Búsqueda de información en centros y fuentes de consulta.
d) Construcción de un guión o esquema de trabajo considerando los aspectos que se desarrollarán.
e) Uso de instrumentos de investigación documental: *fichas bibliográficas* y *fichas de trabajo*.
f) Organización del trabajo: *introducción, desarrollo* y *conclusión*.
g) Elaborar una redacción preliminar, en la cual se revise y corrija el trabajo.
h) Redacción de conclusiones.
i) Bibliografía utilizada.

Fases de investigación

- En un *cuadro organizativo*, explica cada una de las etapas o fases del proceso de investigación.

Etapas o fases	Descripción
Planeación:	
Instrumentos de investigación:	
Esquema u organización:	
Exposición escrita:	
Exposición oral:	
Audición con normas:	

- Realiza un trabajo de investigación sobre un tema innovador o de tu interés de cualquier área del conocimiento, considerando las etapas siguientes:

a) Selecciona el tema de tu preferencia.
b) Delimita tu tema.
b) Busca información en centros y fuentes de consulta.
c) Construye un guión o esquema de tu trabajo con los aspectos que desarrollarás en tu trabajo.
d) Utiliza instrumentos de investigación documental para guardar la información, tales como fichas bibliográficas y fichas de trabajo.
e) Organiza tu trabajo con sus tres partes: *introducción*, *desarrollo* y *conclusión*.
f) Elabora una redacción preliminar, revisa y corrige.
g) Redacta tus conclusiones.
h) Anota la bibliografía utilizada.

1. ¿Qué aprendiste en la clase de hoy respecto de una investigación?
2. ¿Por qué te es de utilidad conocer las fases de una investigación?
3. ¿Qué aprendiste al elaborar un trabajo de investigación?

Actividad de cierre

Con la finalidad de que realices un seguimiento de los desempeños alcanzados en este bloque te invitamos a que utilices esta tabla para que señales el nivel que has alcanzado y anotes lo que puedes hacer para mostrar un mayor dominio.

Indicadores	Nivel de dominio					Reflexión
	1	2	3	4	5	

Metacognición

1. ¿Demostraste la clasificación de los textos expositivos detallando los diferentes tipos que existen como parte de la comunicación? Justifícalo.

2. ¿Recreas una situación de la vida cotidiana en la que caracterizas un texto periodístico, detallando su aplicación e importancia en el contexto sociocultural?

Nota: Se sugiere consultar www.debate.com.mx

Bloque X

USO DEL LÉXICO Y LA SEMÁNTICA

- Conoce las características y manejo de: sinónimos, antónimos, homógrafos y homónimos.
- Identifica en diferentes tipos de textos el uso de parónimos y polisemia.

Bloque X

Uso del léxico y la semántica

Unidad de competencia

Utiliza diversas palabras de grupos semánticos diferentes (sinónimos, antónimos, homógrafos, homónimos, parónimos y palabras polisémicas) al redactar textos y comunicar de forma oral sus ideas, opiniones o argumentos con claridad, coherencia y significado.

Atributos de las competencias genéricas

1.6 Administra los recursos disponibles teniendo en cuenta las restricciones para el logro de sus metas.

4.1 Expresa ideas y conceptos mediante representaciones lingüísticas, matemáticas o gráficas.

5.1 Sigue instrucciones y procedimientos de manera reflexiva, comprendiendo cómo cada uno de sus pasos contribuye al alcance de un objetivo.

6.4 Estructura ideas y argumentos de manera clara, coherente y sintética.

7.1 Define metas y da seguimiento a sus procesos de construcción de conocimiento.

7.2 Identifica las actividades que le resultan de mayor y menor de interés y dificultad, reconociendo y controlando sus reacciones frente a retos y obstáculos.

8.3 Asume una actitud constructiva, congruente con los conocimientos y habilidades con los que cuenta dentro de distintos equipos de trabajo.

Actividad de inicio

Lee el siguiente texto y realiza lo que se te pide.

Pensamiento chino

Cuando el sable está mohoso, el arado resplandeciente, vacía la cárcel, el granero lleno, la escalera del templo gastada, la del tribunal llena de hierba y en fin, cuando el médico va a pie, el panadero a caballo y el literato en coche, la nación está bien gobernada.

1. ¿Qué quiso decir el autor en este pensamiento?
2. Cambia las palabras subrayadas por otras que tengan un significado contrario, también puedes cambiarlas por otra con significado semejante.

Pensamiento chino

Cuando el sable está ____________ el arado ____________, vacía la cárcel,
mohoso, **resplandeciente**

el granero ____________, la escalera del templo ____________, la del tribunal
lleno **gastada**

llena de hierba y en fin, cuando el ____________ va a pie, el panadero
médico

a ____________ y el ____________ en ____________, la nación está ____________ gobernada.
caballo **literato** **coche** **bien**

3. ¿Identificaste palabras que no tienen antónimos? ____________
4. ¿Identificaste palabras que no tienen sinónimos? ____________
5. ¿Por qué crees que hay palabras que no tienen antónimos ni sinónimos? Explícalo.

____

____

____

____

10.1 Conoce las características y manejo de sinónimos y antónimos

- ¿Cuáles son los principales elementos del *signo lingüístico*?

- Localiza en el siguiente palabragrama: dos sinónimos, dos antónimos, dos homófonos y dos parónimos; márcalos con colores diferentes (uno para cada caso). Posteriormente, escríbelos sobre las líneas que correspondan.

(Tiempo para resolver el ejercicio: 5 minutos.)

						R	I	L	O	B	A
				A	N	U	L	A	R	A	
				P						C	
				T						I	
		T	R	I	S	T	E	Z	A	L	
				T					C	O	
				U					T		
				D					I		
A	L	E	G	R	I	A			T		
									U		
V	A	C	I	L	O				D		

Sinónimos: ________________ ________________

Antónimos: ________________ ________________

Homófonos: ________________ ________________

Parónimos: ________________ ________________

- Integra un equipo de cuatro elementos y contesta las siguientes preguntas:
  1. ¿Qué sucedió?
  2. ¿Lograron encontrar todas las palabras?
  3. ¿Por qué?

Sinónimos

Observa las siguientes imágenes y lee la información que les acompaña.

Significante (bloque sonoro)	**Flor**	
Significado (imagen mental que evocamos)	Parte de una planta.	

Significantes	• Casa • Morada • vivienda	
Significado	Lugar donde vivimos las personas con techo, fachada, paredes.	

Como puedes darte cuenta, a todo significante o palabra, corresponde un significado como en el primer ejemplo; pero en otras ocasiones, tenemos más de un significante o palabra para expresar un **significado**.

Las palabras **casa**, **morada**, **vivienda** significan lo mismo, por eso decimos que son palabras sinónimas.

Ejercicios

- Copia las oraciones sustituyendo cada palabra subrayada por otra del recuadro de forma que no cambie el significado.

punzada — queja — congoja — analgésico

Pese al dolor, el herido no pronunció ningún lamento.
Al darle la noticia, tu hermano sintió una gran aflicción.
Si te duele la cabeza, tómate este calmante.
El corredor ha sentido un pinchazo en la pierna.

- Sustituye cada adjetivo subrayado por su sinónimo, elígelo de las opciones que se te proporcionan y escríbelo sobre la línea.

perspicaz — competente — cándido — cáustico

Es una persona muy eficaz en su trabajo. ....

No hace falta que se lo expliques todo. Es muy sagaz. ....

Es demasiado ingenuo, todo el mundo lo engaña. ....

Normalmente utiliza un tono mordaz con nosotros. ....

- Forma parejas de sinónimos.

enseñar – plegaria – ceremonia – eremita	oración – instruir – rito – ermitaño

1.	1.
2.	2.
3.	3.
4.	4.
5.	5.

Observa las imágenes y lee la información que las acompaña.

Significante	**Frío**
Significado	De temperatura baja.
Significante	**Caliente**
Significado	De temperatura alta

Significante	**Concreto**
Significado	Que es tangible, se puede ver y tocar.
Significante	**Abstracto**
Significado	Intangible, no se puede ver o tocar.

En los cuadros anteriores te hemos presentado pares de significantes que tienen significados opuestos, a esas palabras les llamamos antónimos.

Ejercicio

Del conjunto de palabras que se te proporciona, elige pares de las que tengan significados opuestos, es decir, antónimos.

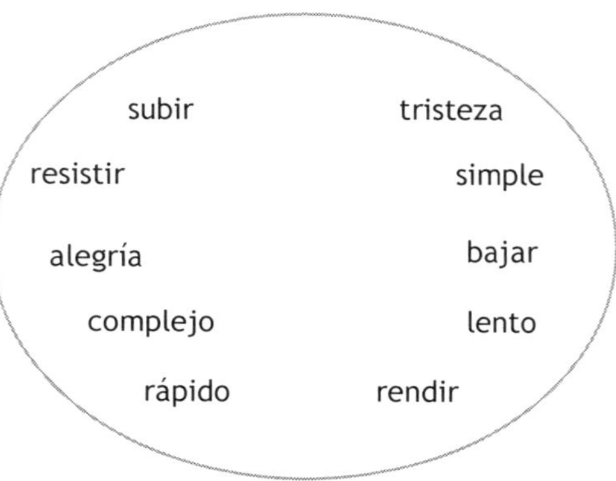

1.	1.
2.	2.
3.	3.
4.	4.
5.	5.

- Escribe un enunciado con los antónimos de las siguientes palabras.

  Sagaz

  ____

  Sobresaliente

  ____

  Refinado

  ____

  Veloz

  ____

Amor

Amable

Enriquece tu información con el siguiente *mapa cognitivo*.

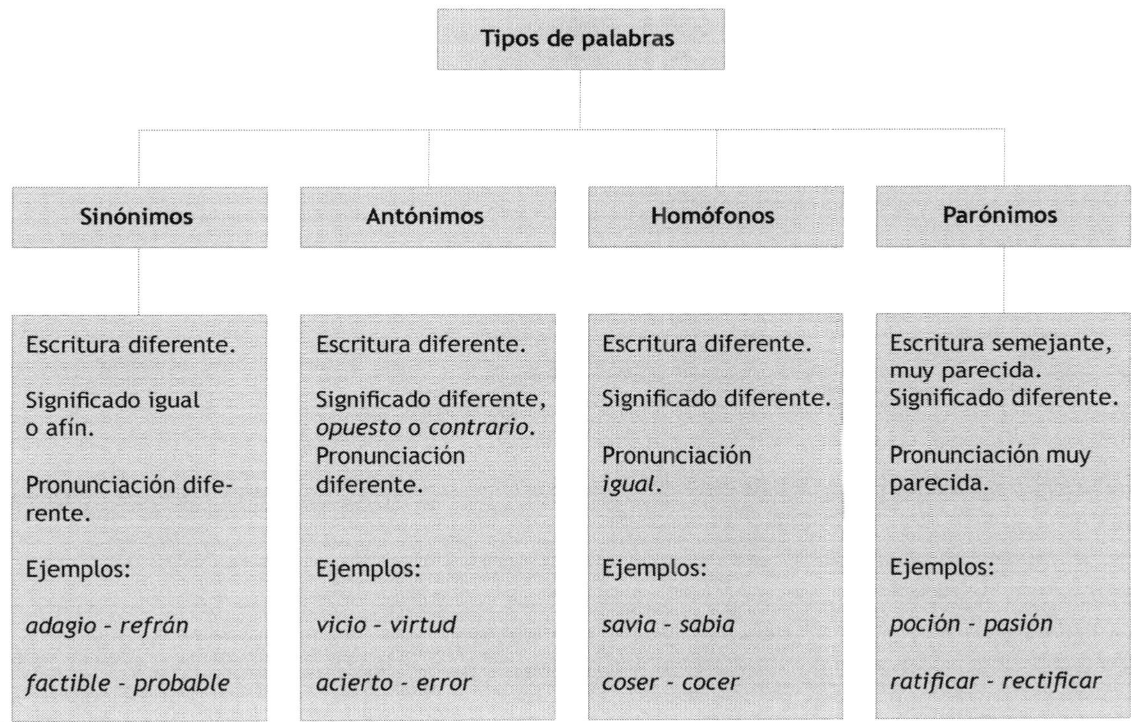

Ahora que tenemos más elementos para resolver el ejercicio, volvamos a él y busquemos las palabras que se nos piden.

Trabajen en equipos de cuatro elementos.

Para enriquecer la información que te proporcionamos en la estrategia, busca el origen de las palabras:

sinónimos, antónimos, homófonos, parónimos y *polisemia*

Al hacerlo, descubrirás que aún hay mucho por saber acerca de ellos; trae a clase la información adicional que tengas y compártela con el resto del grupo. Busca, además, diversos ejemplos.

- Complementa el siguiente *cuadro comparativo* (trabaja hasta los ejemplos).

	Sinónimos	**Antónimos**	**Homófonos**	**Parónimos**
Significado				
Escritura				
Pronunciación				
Ejemplos				
Semejanzas				
Diferencias				
Conclusión				

- Establece las semejanzas y diferencias entre los cuatro tipos de palabras. Posteriormente, construye tu conclusión. (Registra tus respuestas en la segunda parte del cuadro anterior.)
- Lee los siguientes textos y después escríbelos sustituyendo en cada caso las palabras en negritas por las que se te piden.

Nocturno a Rosario
(*Fragmento*)

Pues bien, yo necesito decirte que te adoro
decirte que te quiero con todo el corazón
que es mucho lo que sufro,
que es mucho lo que lloro

Manuel Acuña

Sustituye por antónimos.

En paz
(*Fragmento*)

Muy cerca de mi ocaso, yo te bendigo, vida
porque nunca me diste ni esperanza fallida
ni trabajos injustos ni pena inmerecida,
porque veo al final de mi rudo camino,
que yo fui el arquitecto de mi propio destino.

Amado Nervo

Sustituye por sinónimos:

____

____

____

____

____

Elige, de los homófonos que se proponen, aquellos que completen correctamente cada expresión.

Mi juventud me impulsa a subir la ____________, me ____________
sima - cima abrasa - abraza

un deseo incontenible de llegar allá. Sin embargo, antes de intentarlo he de ____________ la hierba que hay en el camino
cegar - segar

para no ____________ mi destino.
herrar- errar

Soy como un ____________ en cautiverio...
ciervo-siervo

Lo que digo y lo que ____________ anida en mi alma...
cayo - callo

Escribe dos ejemplos de parónimos.

____________ ____________

____________ ____________

1. Después de trabajar con todos los tipos de sinónimos, parónimos y homófonos, ¿crees que es importante utilizarlos? ¿Por qué?
2. ¿De qué manera te beneficia?
3. ¿Sólo son necesarias en la vida escolar? Fundamenta tu respuesta.

Los homónimos

Los homónimos son palabras cuya pronunciación y escritura es igual o semejante, pero su significado es diferente, por esa cualidad se dividen en dos:

- Homófonos Palabras con idéntico sonido, pero con escritura diferente.
- Homógrafos Palabras con idéntico sonido y escritura.

Ejemplos:

Homónimos	
Homófonos	**Homógrafos**
Casa = habitación Caza = cacería Ablando = suavizando Hablando = diciendo Abalar = agitar Avalar = garantizar Abitar = amarrar Habitar = vivir Asiendo = cogiendo, tomando. Haciendo = de hacer Ice = eleve Hice = de hacer Halla = encontrar Haya = de haber Echo = arrojo, tiro. Hecho = de hacer	Gato = felino Gato = aparato Gato = servidor (despectivo) Obertura = preludio Obertura = hendidura Hasta = término Hasta = palo Abandono = derrota Abandono = desamparo Batidor = persona que bate. Batidor = instrumento

- De la clasificación anterior, ¿qué tipo de palabras crees que son mayormente utilizadas? Justifica.

Ejercicio

- Lee el siguiente texto, copia en las líneas las palabras escritas en negritas y frente a cada una de ellas anota su homónimo. Si lo consideras necesario consulta un diccionario.

Una relación **incipiente**

Mi **reciente** relación me llevó por un **cauce** interminable de sufrimiento. **Callo** porque no quiero lastimar. De **hecho** fue un encuentro al **azahar**. No es que yo **haya** querido ese amor **insipiente**. Mi salud **resiente** el desamor y por más que lo oculte, mi rictus **revela** ese **ay** de dolor escondido.

Observa que el significado de las palabras está determinado por el contexto en que se encuentran.

Actividades de aplicación

- Con el tema "México en el mundial" redacta un texto donde utilices homónimos, si es necesario consulta un diccionario.

- Elabora una lotería con el siguiente vocabulario de homófonos.

Cayo = islote
Callo = silencio

Arrollo = atropellar
Arroyo = río pequeño

Malla = red
Maya = indígena

bello = hermoso
vello = pelillo

callado = silencioso
cayado = bastón

NOTA: Puedes utilizar otras palabras que hayas investigado.

¿Cómo elaboro mi lotería de homónimos?

Puede ser con dibujos y palabras, solamente dibujos o solamente palabras. Tú decides. Diviértete.

Material:
Cartón de 30 × 20 cm
Fichas de 5 × 3 cm
Colores
Monedas o frijoles
Bolsita para meter las fichas.

Procedimiento:
Imaginación y trabajo en equipo.

10.2 Identifica en diferentes tipos de textos el uso de los parónimos y polisemia

Parónimos

Del griego ***paro*** (al lado, próximo) y ***onimos*** (nombre) son vocablos parecidos fonéticamente, pero se escriben de forma diferente y su significado es distinto.

El ejemplo más común y claro, que se utiliza reiteradamente cuando se hace alusión a que dos cosas son diferentes, es: "gimnasia" y "magnesia".

Otro caso de confusión parónima son ***accesible*** y ***asequible***. El primero califica a una persona, lugar o elemento al que se puede llegar sin dificultad (*"Raúl es una persona accesible"*); en tanto que asequible califica algo que es posible adquirir (*"El precio de los pavos en esta navidad fue asequible".*)

El tema de los parónimos tendría sólo carácter anecdótico, de no ser porque muchas palabras se confunden en el habla popular y esto ha llegado a reflejarse en el habla formal y en la escritura.

Otros ejemplos:

absolver	absorber
adoptar	adaptar
efecto	afecto
aptitud	actitud
prendado	prendido
aflicción	afición
aspirar	expirar

cesto	sexto
cuantitativo	cualitativo
probeta	profeta
alcohólico	acólito
acto	apto
revelar	relevar
especie	especia
perjuicios	prejuicios
prever	proveer
infligido	infringido
condonar	condenar
consumar	consumir
digerir	ingerir

- De las palabras que se te presentaron, elige la que complete cada enunciado y escríbela sobre la línea.

No apoya al equipo, me molesta su ____________ indolente.

Ocupó el ____________ lugar en la carrera.

El reconocimiento fue otorgado con mucho ____________.

El concierto no produjo en el público el ____________ deseado.

Muestra una inmejorable ____________ para este trabajo.

Para ganar, hay que ____________ nuevas estrategias.

Todos quedaron ____________ de su belleza.

Lleva ____________ un broche en la solapa.

Los turistas quedaron ____________ de la riqueza natural.

Coloca la fruta en el ____________.

- Redacta cinco enunciados con las palabras que no fueron utilizadas, si consideras necesario recurre a un diccionario para conocer sus significados.

1. ____

2. ____

3. ____

4. ____

5. ____

- Investiga otros ejemplos, mínimo cinco, preséntalos a tus compañeros y comenten su significado.

Polisemia

Las palabras polisémicas son las que tienen varios significados o acepciones.

Es decir que con un solo significante, nos podemos referir a más de un significado.

> *Para recordar*
>
> Una palabra o morfema está formada por dos planos: el plano del significante y el plano de significado.

La polisemia se puede producir por distintas causas, algunas de ellas son:

- **Cambio de aplicación.** A lo largo de la historia, la realidad a la que se refiere una palabra ha cambiado de forma, o ha pasado a aplicarse a un nuevo referente.

  Ejemplo: La palabra *tecla*, se refería a los instrumentos musicales, posteriormente se aplicó a las máquinas de escribir y finalmente a cualquier pieza móvil que puede pulsarse.

- **Especialización en un medio social.** En una profesión determinada, en un ámbito social, en una región, la palabra puede adquiere un significado especializado.

  Ejemplo: La *masa* a la que se refiere un panadero no es la *masa* a la que se refiere un albañil que habla con su peón, y ninguna de estas dos es la *masa* a la que se refiere el profesor que explica una clase de física a sus alumnos.

- **Lenguaje figurado.** Los hablantes nombran los objetos mediante términos metafóricos (*flor* para nombrar a la amada) o metonímicos (*copa* para nombrar el vino).

Ejemplos:

Significante	Significado
Sierra	Herramienta para cortar madera.
	Cordillera de montañas de picos afilados.
Raíz	Órgano de las plantas que crece en dirección inversa a la del tallo, carece de hojas e, introducido en tierra o en otros cuerpos, absorbe de estos o de aquella las materias necesarias para el crecimiento y desarrollo del vegetal y le sirve de sostén.
	Parte inferior o pie de cualquier cosa.
	Causa u origen de algo.
Cura	Sacerdote
	Remedio para algunos males.
Falda	Prenda de vestir femenina.
	Parte baja de la montaña.
	Tipo de carne de res.
Copa	Objeto de vidrio para beber líquidos.
	Parte alta de los árboles.
	Nombre de un torneo.
Patrón	Jefe.
	Modelo para construir prendas.

- Escribe los significados de las palabras que se te proporcionan.

Significante	Significado
Gato	
Cresta	
Yema	
Hoja	
Cabeza	
Derecho	

- Investiga otros ejemplos de palabras polisémicas, escríbelas en el cuadro con sus significados.

Significante	Significado

Actividades de cierre

1. Contesta el siguiente crucigrama de parónimos.

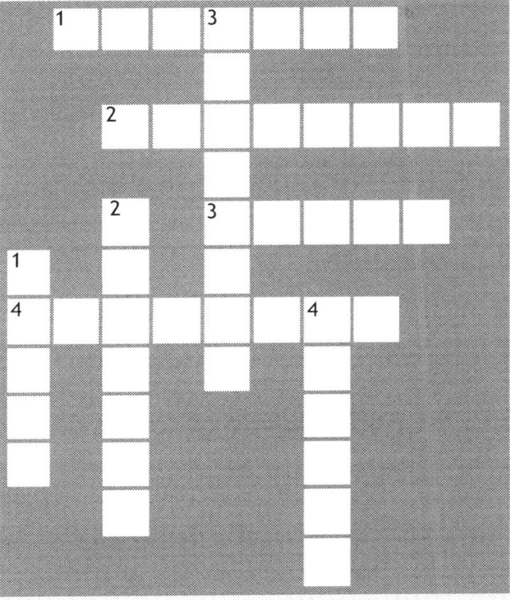

Horizontales

1. Palabra de seis letras que significa ser hábil.
2. Verbo de ocho letras en infinitivo que te puede producir una herida.
3. Último grado que se cursa en la primaria.
4. Sinónimo de caducar.

Verticales

1. Recipiente donde se tira la basura.
2. Palabra de siete letras que significa exhalar.
3. Infinitivo de infestado.
4. Cuando una persona está dispuesta a algo se dice que tiene...

2. Completa el siguiente cuadro.

Tipo de palabras	Enunciados donde utilices el tipo de palabras
Sinónimo	
Antónimo	
Homófonos	
Homógrafos	
Parónimos	

Metacognición

1. ¿Comunicas en forma oral o escrita diferentes textos en donde se utilicen sinónimos y antónimos?

2. ¿Redactas oraciones empleando el significado correcto de homógrafos y homónimos de acuerdo con el contexto donde se encuentren?

3. ¿Expones un tema utilizando correctamente los significados de las palabras vistas durante el bloque?

4. ¿Destacas las principales funciones y características del manejo de palabras utilizadas en textos diversos?

Anexos

ESTRATEGIAS DE ENSEÑANZA-APRENDIZAJE

- Línea de tiempo.
- Matriz de inducción.
- Mapa cognitivo de telaraña.
- Mapa cognitivo de aspectos comunes.
- Mapa cognitivo de secuencias.
- Historieta.

Línea de tiempo (cronología)

Estrategia en la cual se descubren las aportaciones o los acontecimientos más importantes de una época o etapa del tiempo, siguiendo una secuencia cronológica.

Características:

a) Construir una recta bidireccional dividida en segmentos.
b) Según la lectura, seleccionar las fechas o los periodos.
c) En cada uno de los segmentos anotar la información más sobresaliente.

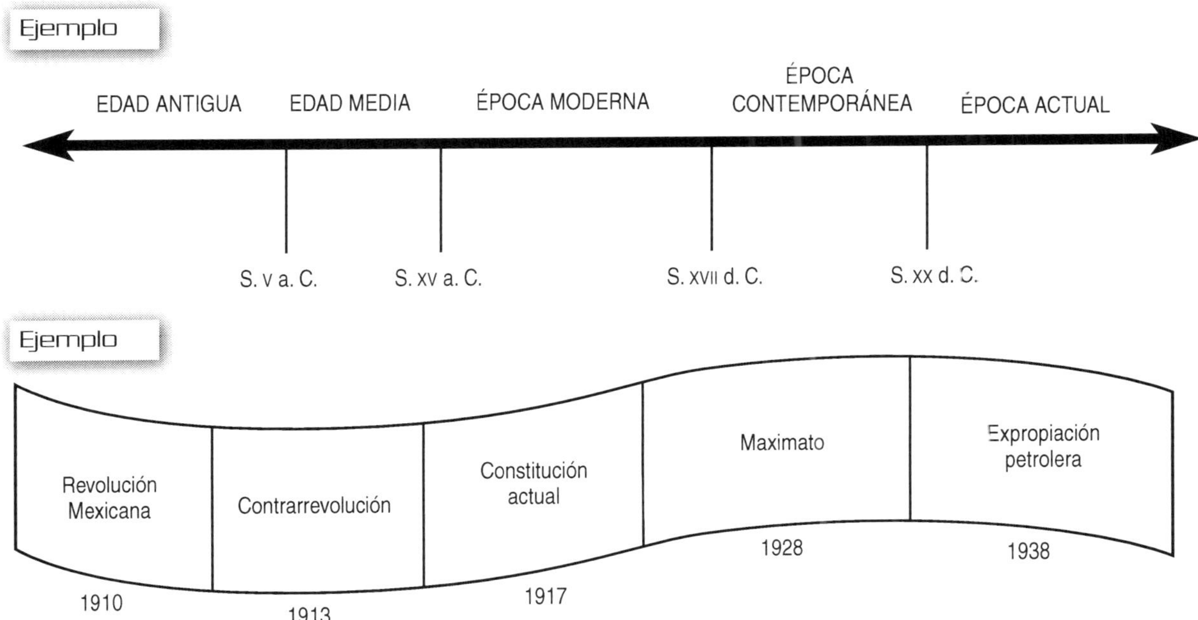

Matriz de inducción

Es la estrategia que sirve para extraer conclusiones a partir de fragmentos de información.

Características:

a) Identificar los elementos y parámetros a comparar.
b) Tomar nota de ellos y escribirlos.
c) Analizar la información que se ha recolectado y buscar patrones.
d) Extraer conclusiones basándose en el patrón observado. Buscar más evidencia que confirme o no las conclusiones.

Ejemplo

	COSTUMBRES ESTADOUNIDENSES	COSTUMBRES INGLESAS	COSTUMBRES FRANCESAS	CONCLUSIÓN (INFERENCIA)
HÁBITOS DE VESTIDO	Usan ropa muy colorida y de moda; cambian mucho.	Usan muchos grises y cafés; generalmente ropa suelta y conservadora.	Usan ropa ajustada, faldas cortas y blusas.	
HÁBITOS DE ALIMENTACIÓN	Comen mucho fuera de casa, compran comida para llevar.	Comen mucha carne y almidón, casi no comen fuera de casa	Tienen finos restaurantes, aderezos deliciosos; pueden hacer una comida con vino y queso.	
HÁBITOS DE BEBIDA	Beben mucho alcohol dentro y fuera de casa. El alcoholismo es un problema del que no se habla mucho.	Toman principalmente en los *pubs*, sobre todo cerveza servida a temperatura ambiente. No se habla mucho del alcoholismo.	Beben vino desde jóvenes en casi todas las comidas; hay mucho alcoholismo pero no se habla de ello.	
HÁBITOS DE CORTEJO	Los hombres no son románticos, las mujeres son agresivas.	Muy reservados, citas formales, los hombres son considerados muy románticos y las mujeres tímidas.	Se considera a los hombres románticos, y a las mujeres sensuales. Les gusta el romance.	
CONCLUSIÓN (INFERENCIA)				

Ejemplo

ÉPOCA	DUEÑOS DE LOS MEDIOS DE PRODUCCIÓN	CLASES SOCIALES EXISTENTES	ORGANIZACIÓN	IDEOLOGÍA	TIPO DE ECONOMÍA	CONCLUSIÓN
PRIMITIVA	Todos, la comunidad	No había	Por tribus, clanes	Del más fuerte	Abierta	
ESCLAVISMO	El amo	Amo y esclavo	Por territorios conquistados	Del más fuerte	Abierta	
FEUDALISMO	El señor feudal	Nobleza, clérigos, militares, artesanos, campesinos, siervos y esclavos	Por feudos	Religiosa, a través de la Iglesia católica; se mantenía el poder sobre la masa.	Cerrada	
CAPITALISMO	El señor burgués	La burguesía y el proletariado	Por el dominio de la propiedad privada	La libre producción basada en la ley de la oferta y la demanda.	Economía expansionista. Se aplican modelos económicos que respaldan el funcionamiento del sistema; David Ricardo, Keynes, neoliberalismo	
COMUNISMO	El Estado	No debe presentarse.	El Estado define qué y cuánto producir.	Marxismo propuesto en la ideología de Karl Marx y Friedrich Engels.	Cerrada. El Estado dispone de la producción.	
CONCLUSIÓN						

Mapa cognitivo de telaraña

Es un diagrama semejante a la tela de una araña donde se clasifica la información en temas y subtemas. El mapa cognitivo sirve para organizar los contenidos señalando sus características.

Características:

a) El nombre del tema se anota en el centro de la telaraña (círculo).
b) Alrededor del círculo se incluyen los subtemas sobre las líneas que salen de él.
c) Entre las líneas principales se anotan las características, sobre líneas que asemejan telarañas.

Ejemplo

Ejemplo

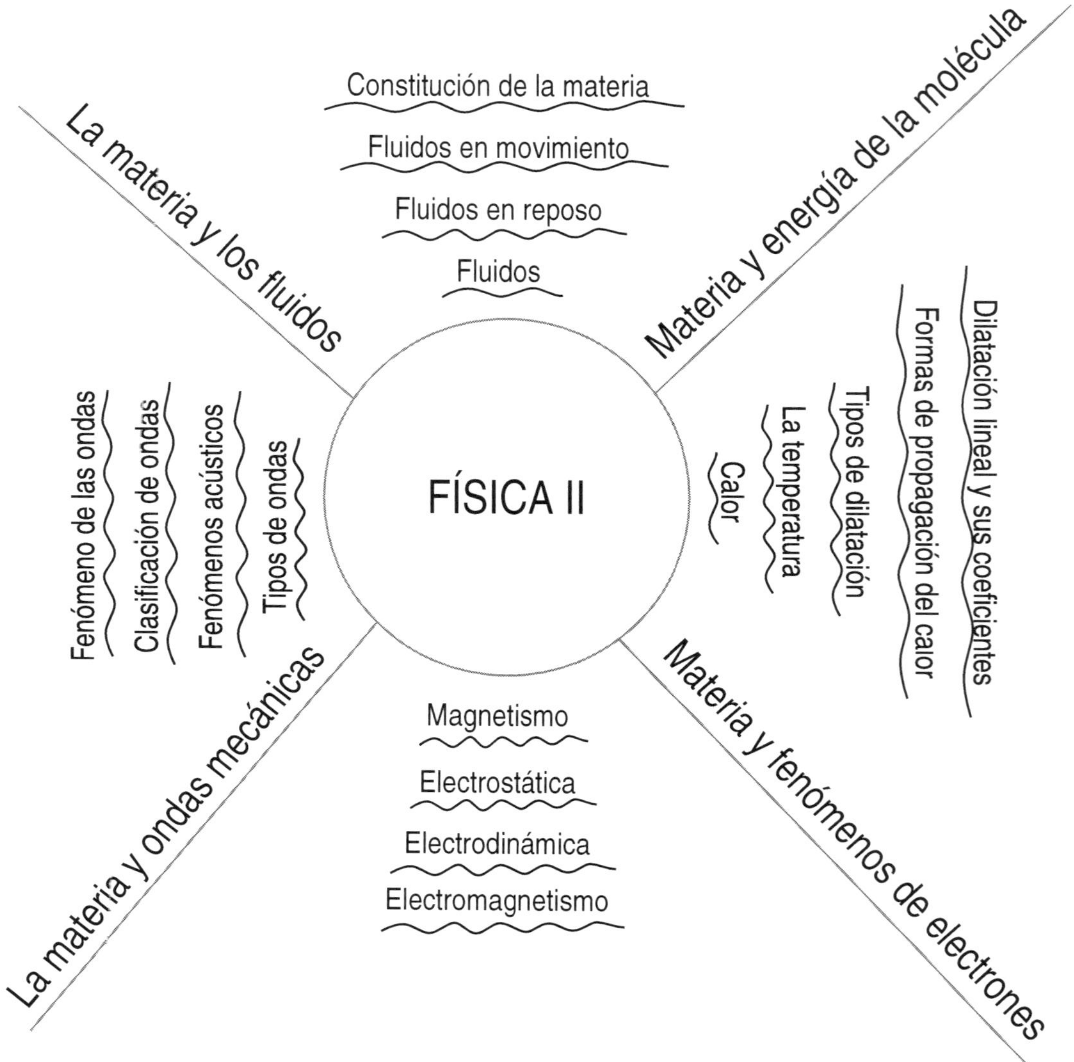

Mapa cognitivo de aspectos comunes

Es similar al diagrama de Venn, donde se desea encontrar los aspectos o elementos comunes entre dos temas o conjuntos.

Características:

a) En el conjunto "A" (primer círculo) se anotan el primer tema y sus características.

b) En el conjunto "B" se anotan el segundo tema y sus características.

c) En la intersección que hay entre ambos círculos, se colocan los elementos comunes o semejantes que existen entre dichos temas.
d) Los elementos que quedan fuera de la intersección se pueden denominar diferencias.

Ejemplo

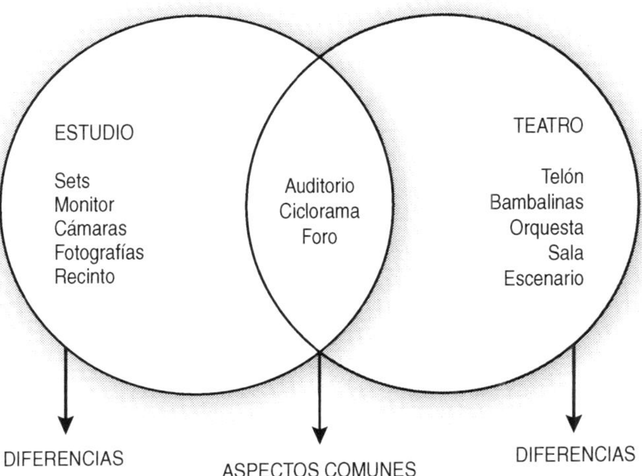

Ejemplo

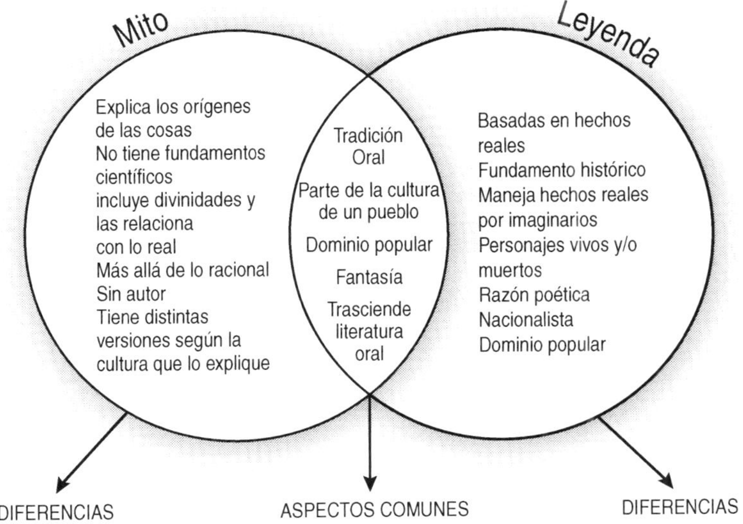

Mapa cognitivo de secuencias

Diagrama que simula una cadena continua de temas con secuencia cronológica.
Características:

a) En el primer círculo se anota el título del tema.
b) En los siguientes círculos se colocan los pasos o las etapas que se requieren para llegar a la solución.

Ejemplo

Mediante un diagrama representa los pasos para restar números con signo.

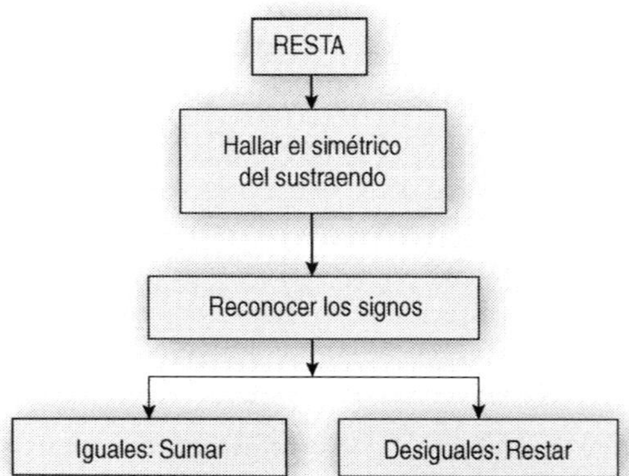

Ejemplo

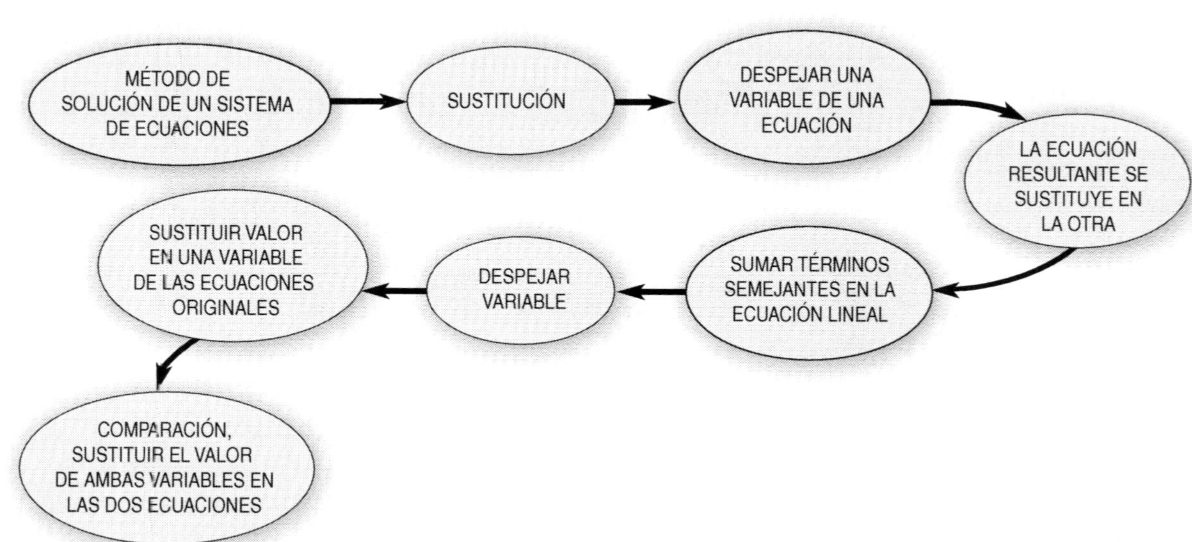

Historieta

Narración gráfica, visualizada mediante una serie de recuadros dibujados a partir de un tema previamente escrito, en la que existe un personaje central alrededor del cual gira el argumento; este último se explica mediante diálogos breves, movimiento y expresión de los sujetos dibujados.

Características:

a) Requiere de varios encuadres.
b) Tiene secuencia lógica.
c) Describe diversas situaciones.
d) Tiene estructura de un cuento o una novela.
e) Combina elementos verbales con imágenes.
f) Su dibujo es artístico.
g) Casi siempre es seria; se caracteriza por no manejar comicidad.

Ejemplo

Ejemplo

40840228R00170

Made in the USA
Middletown, DE
24 February 2017